LE CRAYON

ET

SES FANTAISIES

SANGUINE, CRAYONS NOIR, CRAYON BLANC, ETC.

PAR

G. FRAIPONT

PROFESSEUR A LA LÉGION D'HONNEUR

Ouvrage illustré par l'auteur de 32 dessins inédits ou sanguines
et de 4 fac-similé de dessins en deux couleurs

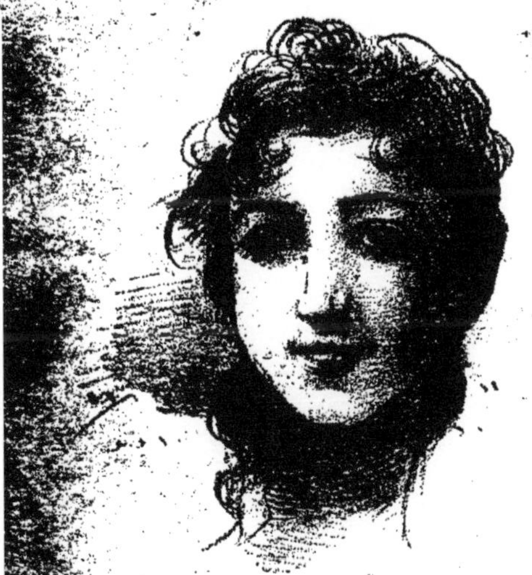

PARIS

LIBRAIRIE RENOUARD

H. LAURENS, ÉDITEUR

6, RUE DE TOURNON, 6

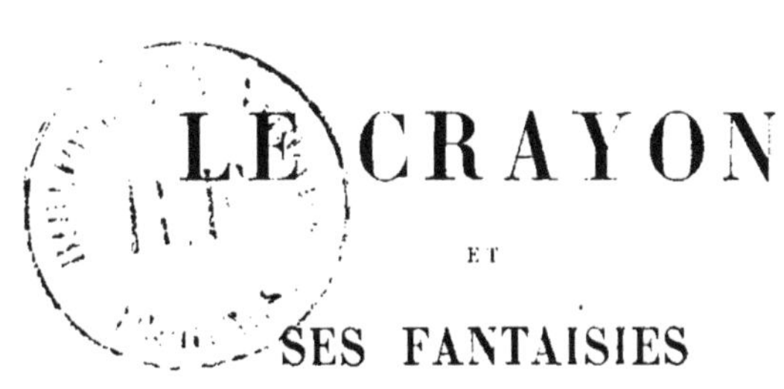

LE CRAYON

ET

SES FANTAISIES

LE CRAYON

ET

SES FANTAISIES

SANGUINE, CRAYON NOIR, CRAYON BLANC, ETC.

PAR

G. FRAIPONT

PROFESSEUR A LA LÉGION D'HONNEUR

Ouvrage illustré par l'auteur de **32** dessins inédits ou sanguines
Et de 4 fac-similé de dessins en deux couleurs

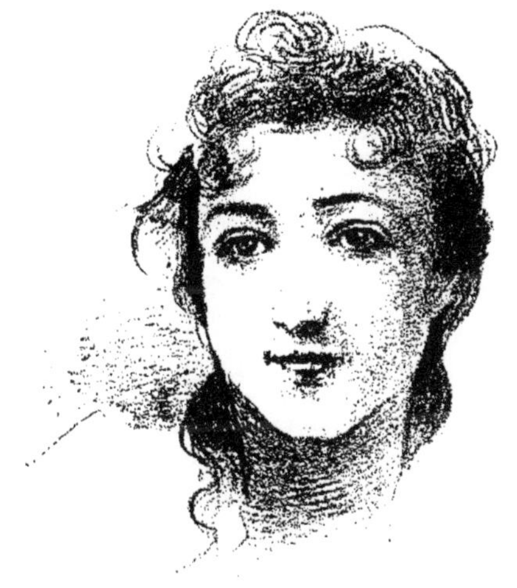

PARIS

LIBRAIRIE RENOUARD

H. LAURENS, ÉDITEUR

6, RUE DE TOURNON, 6

INTRODUCTION

Cette brochure a pour but de passer en revue les divers emplois du crayon, les diverses façons de traiter celui-ci et le parti qu'on en peut tirer aussi bien pour le croquis que pour le dessin « fait ». La série dans laquelle paraît notre brochure sur « le crayon » traite surtout des procédés monochromes; est-ce à dire que nous ne devons, sous aucun prétexte, parler couleur?.. nullement. En effet, par crayon, nous n'entendons pas seulement le crayon noir, mais tout crayon de quelque nature qu'il soit, quelque couleur qu'il ait. Vous me répondrez à cela que, quand on sait se servir d'un crayon noir, on peut tout aussi bien manier un crayon d'une autre couleur... en raisonnant ainsi, vous ne serez dans le vrai que jusqu'à un certain point et, sans vouloir dire que chaque crayon demande une étude spéciale, m'est avis qu'il faut pourtant s'habituer un peu à chacun d'eux pour arriver à obtenir l'effet voulu. Puis il y a la combinaison des crayons de plusieurs tons; il me semble utile de vous faire voir le parti à tirer et les effets qu'on est à même d'obtenir par le mélange des divers crayons employés sur divers papiers.

Nous causerons donc, si vous le voulez bien, de tout ce qui se peut faire à l'aide du crayon, que celui-ci soit crayon noir, soit crayon de couleur, qu'il s'appelle mine de plomb, sanguine ou Conté.

LE CRAYON

CHAPITRE PREMIER

DU DESSIN AU CRAYON

Il est évident que le crayon est le plus commode de tous les procédés employés pour tracer sur papier des figures quelconques ; le plus commode « comme maniement », j'entends, car je ne veux nullement dire qu'il suffit de se servir du crayon, pour voir surgir aussitôt un excellent dessin. On fait des dessins exécrables au crayon tout aussi aisément qu'à la plume ; aussi le mot « commode » s'applique-t-il uniquement au procédé. Procédé si simple que vous le connaissez presque avant de savoir l'appeler par son nom. Dès qu'un bébé veut faire « comme papa », veut s'essayer à barbouiller du papier, c'est au crayon qu'il a recours ! cela n'est pas dangereux, pas coûteux et quelque inhabile que soit la menotte qui s'en sert, elle arrive toujours à le faire marquer. Du fusain c'est sale, cela barbouille non seulement le papier, mais encore la figure et les mains ; de la couleur idem, il faut de l'eau, des pinceaux, que sais-je ?.. Et puis on n'a pas toujours chez soi des couleurs, du fusain, et l'on a toujours un crayon.

Qu'il ne vous suffise pas, toutefois, d'avoir un crayon chez vous, mais ayez-en toujours un sur vous… on ne

sait pas ce qui peut arriver! Il peut se faire que vous
vouliez au vol saisir une allure, un mouvement; noter
un effet ou prendre quelque croquis; avec le crayon
ce sera vite fait! nul autre façon de procéder ne sera
aussi pratique; le fusain? pas aisé pour des notes suc-
cinctes, il vous faudrait le sortir de sa gaine, le tailler,

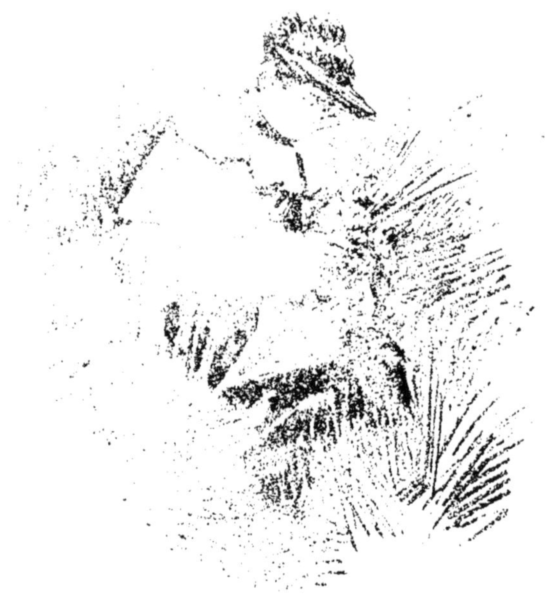

avoir du papier *ad hoc* et, rentré chez vous, le frottement dans votre poche aura enlevé tout, à moins que
vous n'ayez l'habitude de promener sur vous une
bouteille de fixatif à droite, un fixateur à gauche. L'a-
quarelle?... Le temps de sortir votre palette, de courir
chercher de l'eau: l'effet aura disparu et le bonhomme
dont vous vouliez « attraper » le mouvement aussi !
Est-ce à dire que fusain et aquarelle doivent être dé-

daignés pour la note rapide? nullement. pas plus que
la plume ou le lavis ; nous avons dit ailleurs, ce
que nous pensons de chacun de ces procédés et le
parti qu'on peut en tirer même pour des pochades ou

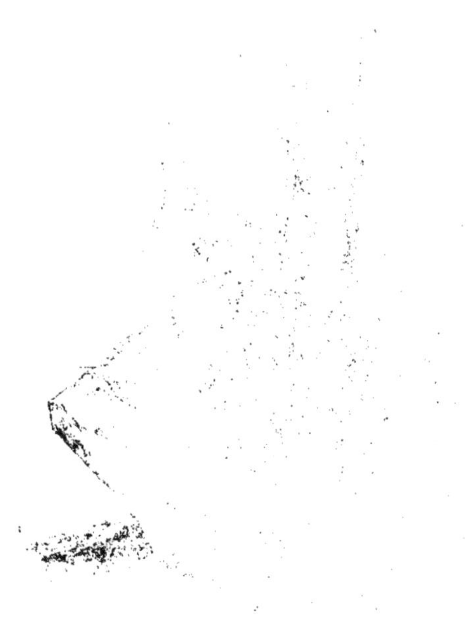

des croquis au galop. En disant qu'aucun outil ne rendra autant de services que le crayon, nous voulons
faire comprendre que nul ne sera aussi vite prêt
à saisir « l'inattendu » qui se présente, généralement,
c'est M. Prud'homme qui l'a dit — « quand on s'y

attend le moins ! » — Ayez un crayon tout taillé dans votre poche et vous serez toujours prêt à « croquer » tout ce qui pourra se présenter ; le crayon taillé est une arme chargée, prête à faire feu à la moindre alerte... ayez soin, toutefois, d'adopter une poche pour le mettre, toujours la même, et ne faites pas comme quelqu'un de ma connaissance très friand de croquis saisis sur le vif, mais qui ne sait jamais où il a fourré son

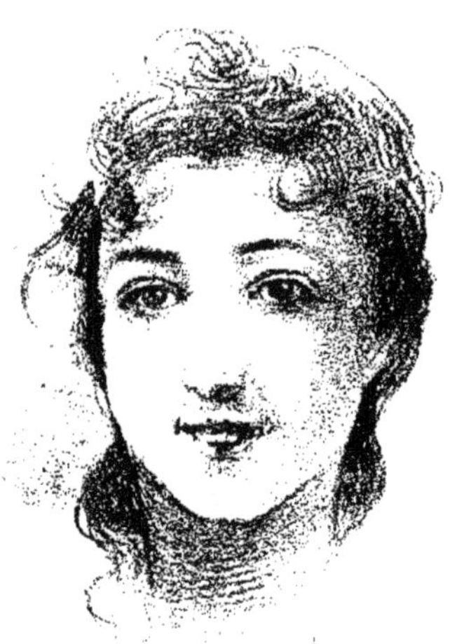

crayon, fouille dans toutes ses poches de gilet, de pantalon, de pardessus et ne le retrouve généralement, que lorsque le sujet intéressant s'est envolé. Il marrone, il crie, il traite son crayon d'imbécile, d'idiot et plein de colère, le refourre encore dans une poche quelconque pour recommencer la même scène dix pas plus loin.

Donc ! première condition quand on veut faire du dessin au crayon : savoir où on le met. Savoir ensuite où l'on met son canif, car il faut en avoir un, le crayon devant être taillé et le moyen le plus pratique pour ce faire étant le canif. Oui ! je sais qu'il existe depuis longtemps de petits instruments appelés taille-crayons, composés d'une sorte d'étui conique portant une lame sur le bord interne et dans lequel le crayon glissé et roulé se taille... devrait se tailler tout au moins ! mais ce petit

nstrument a surtout la propriété d'user les crayons
sans les tailler; tant qu'il ne s'agit que d'appointer le

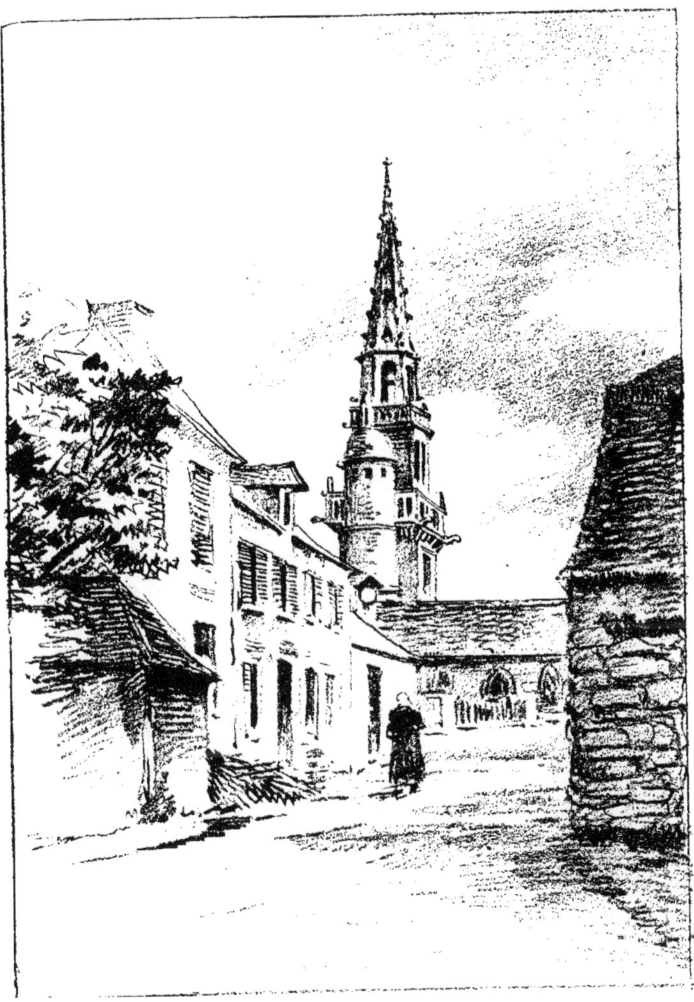

bois, cela va tout seul; celui-ci se réduit en jolis petits
copeaux et le crayon (côté bois) s'appointe d'impecca-
ble façon, mais dès qu'on arrive au crayon proprement

dit (côté mine) ça se casse!... plein de bonne volonté on recommence... ça recommence à se bien tailler quant au bois et à ne plus se tailler du tout quant à la mine. Lorsqu'on a essayé ainsi plusieurs fois et qu'on a usé son crayon aux trois quarts sans avoir pu s'en servir, que fait-on?.. on prend son canif!... c'est par là qu'il vaut mieux commencer.

Je ne voudrais pas être désagréable à l'inventeur de ce gentil petit instrument (ni à ceux qui en vendent) mais vraiment je suis forcé de reconnaître que ceci est tout à fait peu pratique. Pour ma part, j'ai essayé plusieurs fois de m'en servir; il m'est bien arrivé, pour certains crayons à mine plus résistante, d'obtenir un résultat qui alors était parfait : pointe acérée comme un poinçon, mais c'est l'exception cela et ma foi, mieux vaut la règle. Avec un canif bien tranchant on arrive toujours à avoir un crayon bien appointé, avec un taille-crayon on y arrive quelquefois!... J'aime mieux la certitude, et vous?

On trouvera peut-être que nous nous appesantissons beaucoup sur l'appointage du crayon, mais il faut bien se dire que cela a une importance capitale; rien n'est aussi peu pratique, aussi plus disgracieux, que de travailler avec un crayon mal taillé. Crayon de cuisinière, à petites pointes courtes, camardes, affreuses. Ayez donc soin d'avoir toujours à votre crayon une pointe allongée bien fine ; pour le croquis, cela est indispensable. Un morceau de gomme à effacer dans une de vos poches, un carnet dans une autre et vous voilà complètement outillé pour faire du dessin au crayon, du croquis, devrais-je dire, car c'est du croquis que nous voulons parler tout d'abord : pour les dessins faits on aura une installation un peu moins simplette... oh ! jamais bien compliquée, rassurez-vous ; le procédé étant fort simple par lui-même ne demande qu'un outillage fort simple aussi.

CHAPITRE II

DU CROQUIS D'APRÈS NATURE

Il est bien entendu que nous parlons surtout en cette brochure du « procédé » lui-même, que nous nous efforçons surtout et avant tout d'indiquer les moyens de se servir des crayons de diverses sortes et au besoin quelques « trucs », quelques « ficelles » si ce terme, un peu argot d'atelier, vous plaît davantage.

Sans revenir en détail sur ce que nous avons déjà dit quant au croquis (1), qu'il nous soit permis d'insister sur certains points qui, bien que visant plus le chapitre « dessin » que le « chapitre » exécution, ne nous paraissent pas déplacés ici.

(1) Voir l'*Art de prendre un croquis*.

Quand on dessine, j'entends quand on aime à dessiner ou quand on fait profession de dessiner (profession

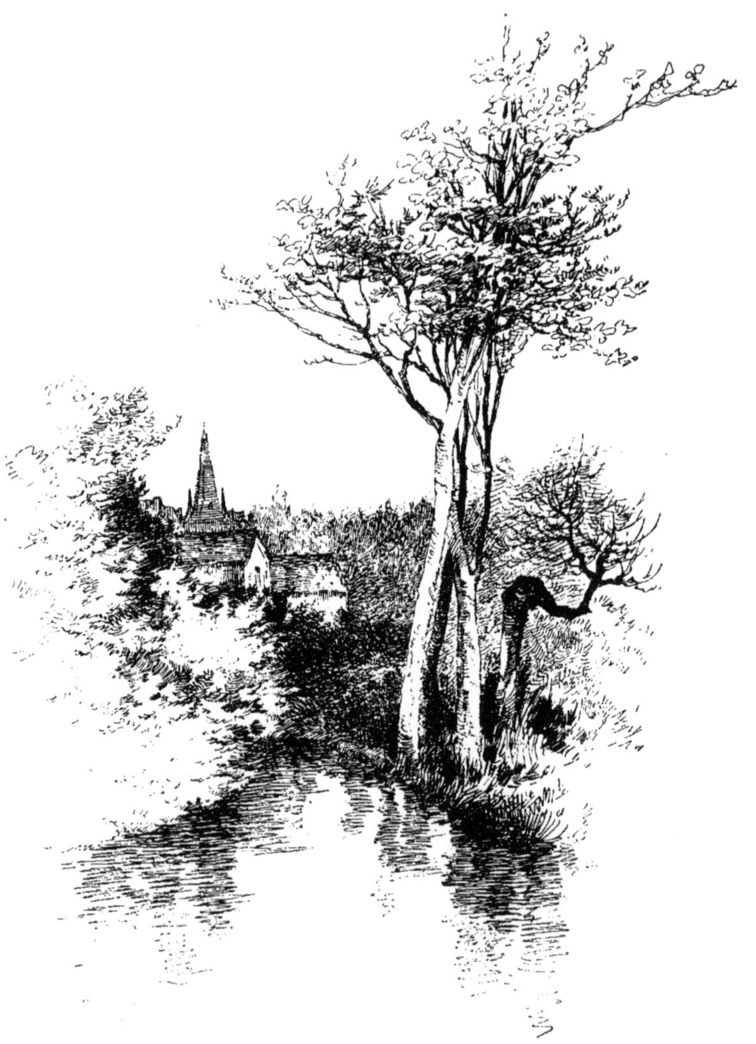

aride, parfois, soit dit sans vous décourager) on est enclin à crayonner sans relâche, cela devient un besoin, une manie, manie innocente, du reste.

Il est deux sortes de croquis : ceux faits d'après des

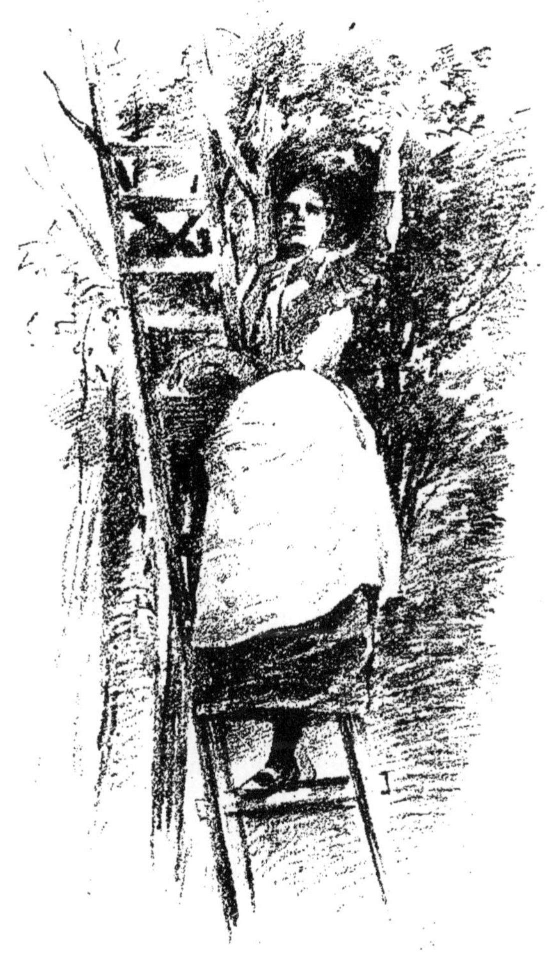

sujets que l'on va chercher, ceux faits d'après des sujets qu'on ne cherche pas, mais qui surgissent au moment où on n'y pense pas.

Pour les premiers on se munit naturellement de tout

ce qu'il faut, c'est en vue des seconds que je vous con-
seillais tout à l'heure d'avoir toujours sur vous vos
« munitions ». Notez qu'en ceci, comme en tout, ce sera
toujours lorsque vous manquerez du nécessaire que les
sujets, eux, ne manqueront pas ; peut-être, du reste,
sera-ce justement parce que vous vous sentirez démuni
que l'envie de crayonner sera chez vous intense ; êtes-
vous fumeur ? si oui, vous vous êtes évidemment trouvé
déjà sans tabac, ou sans allumettes et dans des conditions
à ne pouvoir vous procurer ni l'un ni les autres ; n'est-
pas qu'alors vous grilliez d'envie d'en « griller une » ?.
La sensation est analogue pour le dessinateur empê-
ché de dessiner !... vous éprouverez cela par la suite !

Il faut une grande dextérité, puis une grande habitude pour saisir au vol, en quelques coups de crayon
le sujet qui se dresse inopinément devant vous, j'entends ici le sujet animé : bêtes ou gens, et avant de
l'entreprendre avec sûreté il faudra s'être longtemps
exercé à dessiner d'après le modèle immobile, ou à
peu près. Il est un acheminement tout naturel vers le
croquis dont nous parlons, de beaucoup le plus intéressant, le plus amusant à faire par cela même qu'il présente des inattendus ; or l'inattendu (à moins que ce ne
soit une tuile sur la tête ou quelqu'autre distraction du
même genre), est toujours attrayant.

Adonc, voici le moyen « gradué » que nous proposons
à qui veut s'exercer. D'abord, ainsi que nous le disions,
faire, non des dessins « poussés », mais des croquis rapidement crayonnés d'après le modèle immuable, croquis d'ensemble, croquis de fragments, mouvements
de jambes, de bras, etc ; il faut s'habituer à donner, non le
détail et le dessin serré du sujet (ceci est une autre façon
d'envisager les choses dont nous avons parlé ailleurs

et dont, forcément, nous dirons encore quelques mots)
mais d'abord et surtout la silhouette d'ensemble, le

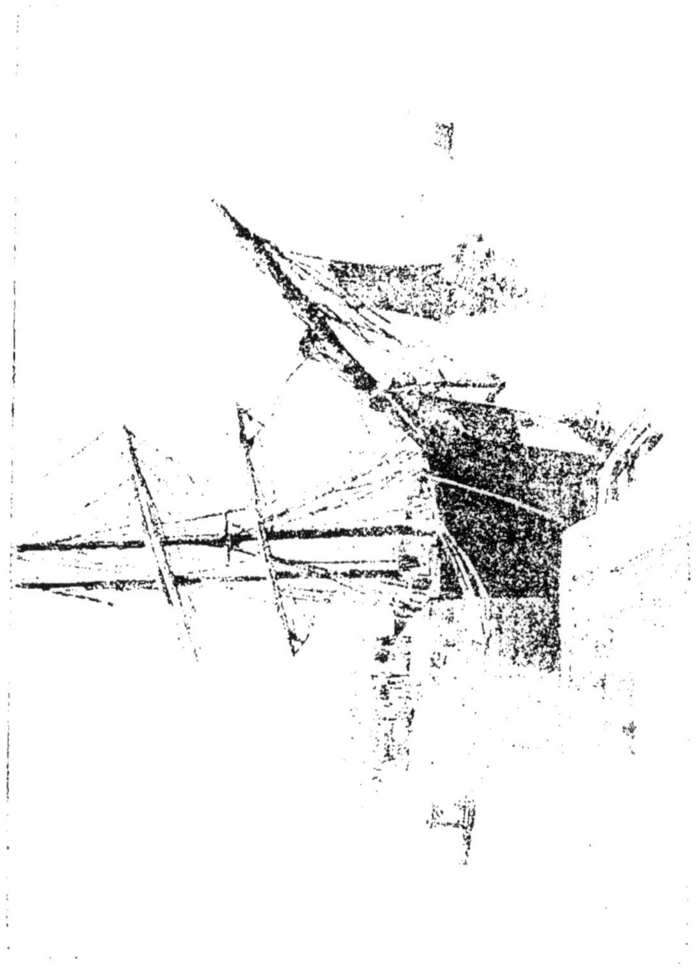

mouvement, l'allure. Lorsqu'on sera arrivé à camper
ainsi sans trop hésiter, un bonhomme et une bonne
femme, on sera déjà d'une certaine force. Ayant le mo-

dèle à sa disposition (et par modèle je n'entends point ici le modèle de profession posant dans l'atelier sur la table à lui réservée, mais le modèle quelconque, un ami, un parent, au besoin votre domestique ou votre concierge), ayant donc à votre disposition l'un ou l'autre, vous vous exercerez à reproduire des mouvements lents d'abord, plus rapides ensuite ; soyez certains qu'en très peu de temps vous serez d'une jolie force et que, lorsqu'en vos promenades, une tête singulière ou une allure bizarre vous feront sortir le crayon de la poche, celui-ci aura vite, en quelques traits, fixé l'un ou l'autre sur le carnet ou sur l'album.

Comment, au crayon, indique-t-on un croquis? Nous allons tâcher de vous le dire.

Nous venons de parler des figures, des sujets animés, les plus difficiles évidemment ; si ceux-ci sont fort intéressants, le paysage, le pittoresque ne le sont pas moins ; ils présentent ce grand avantage de se tenir tranquilles et de laisser au crayonneur tout le loisir voulu pour les reproduire.

Le croquis d'après nature est fait à plusieurs points de vue, soit au point de vue de l'effet, soit au point de vue de la forme. Suivant l'usage que vous en comptez faire vous vous contenterez de croquis au trait, tout uniment, ou vous mettrez quelques tons indiquant les effets de lumière et même les couleurs, suivant la valeur de chacune d'elles. Certains sujets séduisent surtout par leur silhouette ; en ce cas, c'est évidemment aux contours, qu'on indiquera de façon très précise, qu'on s'attachera tout d'abord. D'autres sujets n'ont d'intérêt que par l'effet sous lequel ils se présentent, la façon dont ils sont éclairés ; en ce cas, il faudra non seulement prendre les formes, mais encore reproduire l'effet. Enfin, on est souvent séduit non par le sujet lui-même, mais par un jeu de lumière, un ciel étrange, un moutonnement de nuages curieux ; en ce cas, c'est l'effet seul qu'on notera, le site où il se présente n'étant plus que l'accessoire dont il sera bon, pourtant, de noter les valeurs, afin que si vous voulez dans une composition reproduire l'effet vu. sur un motif de votre choix, vous puissiez mettre celui-ci en rapport avec cet effet. Il est bon de prendre le plus de notes possibles, de crayonner tous les effets qui se présenteront ; vous pourrez parfaitement alors faire des compositions fort intéressantes dont de simples croquis au trait seront les prétextes.

CHAPITRE III

DES CRAYONS

Et maintenant occupons-nous un peu du procédé lui-même ; l'outil, vous le connaissez, mais un crayon suffisant pour griffonner des notes n'est pas toujours propre à griffonner des traits.

Il est des sortes nombreuses de crayons, chacun a sa prédilection marquée pour telle ou telle marque.

Vous intéresse-t-il de savoir que le crayon « mine de plomb est dénommé *carbure de fer* par les savants minéralogistes ? »... Quant à nous, cela nous importe peu, et pourvu que le carbure de fer soit d'une pâte bien homogène, dépourvue de toute matière étrangère qui rayerait le papier, nous nous considérons comme satisfait. La mine de plomb doit être à la fois grasse et résistante, il faut qu'elle puisse supporter la pression qu'on lui donnera forcément pour obtenir les vigueurs. Il est plusieurs numéros de crayons, ces numéros partent du plus tendre au plus dur. Nous ne pouvons indiquer exactement les numéros durs et les numéros

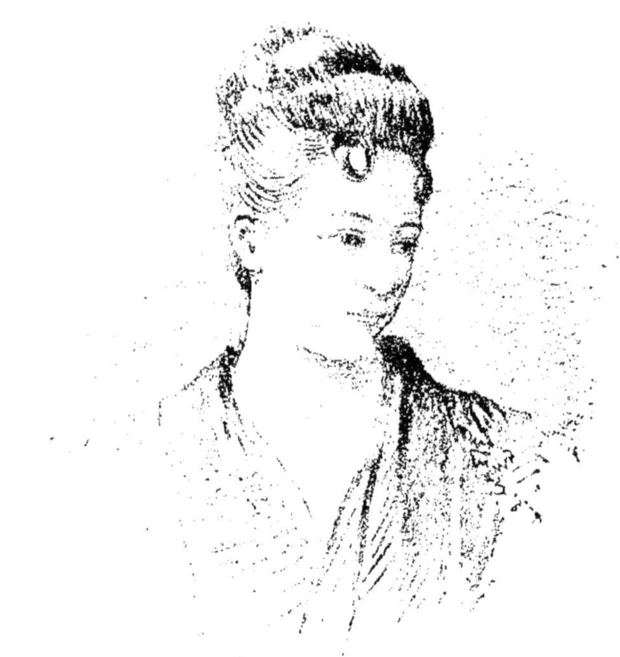

tendres, car les désignations varient suivant les fabricants, certains mettent des lettres.

Pour le croquis proprement dit, il est inutile d'avoir plusieurs numéros, un crayon d'un numéro moyen, ni trop dur ni trop tendre, est suffisant.

Il ne faut pas, toutefois, prendre trop à la lettre l'indication que je viens de vous donner, car il y a beaucoup ici une affaire de nature et de goût ; certains

choisissent pour le croquis un crayon un peu dur
d'autres préfèrent, au contraire, un crayon tendre; je

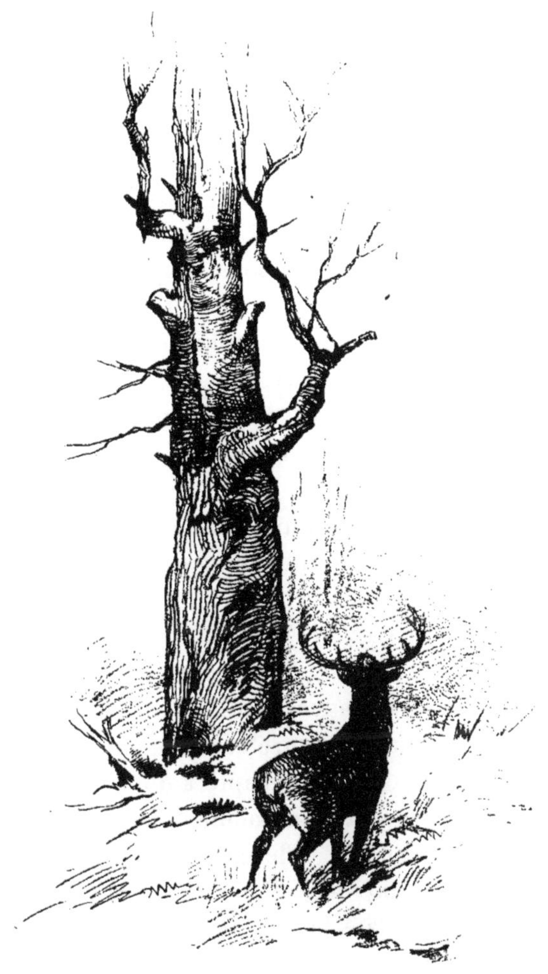

ne suis guère, pour ma part, partisan du premier, si
ce n'est pour faire des détails excessivement fins et
précis; pour le reste, si l'on s'habitue au crayon dur,
on risque de faire sec et puis il serait difficile, sinon

impossible, de mettre, avec ce seul crayon, un dessin à l'effet. Prenons donc la « moyenne » en choisissant un crayon « moyen ».

Pour les dessins « poussés », il vous faudra, bien entendu, un jeu de plusieurs numéros, dur, demi-dur, tendre, très tendre. Certains artistes prennent leurs crayons en mines qu'ils enclavent dans des porte-mines... ; encore affaire de goût cela, mais je trouve cette façon de faire peu commode et je vous conseille fortement de vous en tenir à de bons crayons tout faits, c'est-à-dire à mine tout entourée de bois, bois tendre, facile à tailler ce qui est aussi à considérer.

Voici une recette employée par certains artistes, recette que vous essayerez si bon vous semble, mais dont j'avoue ne m'être jamais servi.

Pour donner au crayon mine de plomb plus de vigueur, plus de velouté, on le laisse tremper (j'allais dire mariner) dans de l'huile d'olive pendant une quinzaine de jours ; ce bain gras fortifie, paraît-il, énormément la mine... c'est à voir !

Les croquis peuvent se faire, non seulement à la mine de plomb, mais encore au crayon Conté, à la sanguine ; certains artistes préfèrent même le crayon Conté à tout autre comme plus apte à donner des effets accusés, plus nerveux et en même temps plus enveloppés. En se servant de différents numéros on peut arriver à des effets intenses. Pour les noirs très accusés, profonds, il est, dans la série des Conté, un crayon parfait appelé « Crayon Velours ». Quant à moi, le crayon que je préfère pour les croquis est celui marqué *noir fixe*. Ce crayon tient le milieu entre le Conté à mine noire et le crayon mine de plomb, il a sur ce dernier, deux avantages : être mat d'abord, et indélé-

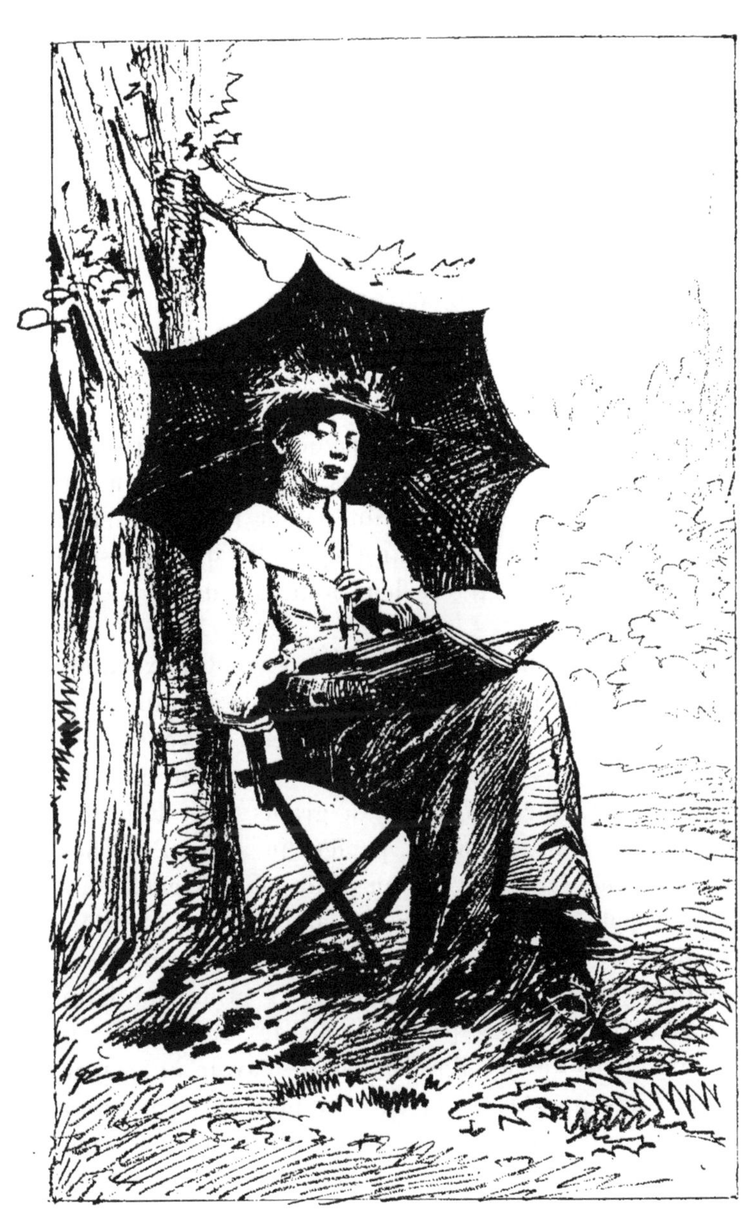

bile ensuite, qualités très grandes. En tous cas. je le trouve fort agréable pour prendre des croquis et je suis persuadé que. si vous en essayez, vous serez de mon avis.

CHAPITRE IV

DES PAPIERS

A priori. presque tous les papiers (sauf les papiers glacés) peuvent être employés pour le dessin au crayon. Bien que la nature du papier n'ait pas ici la même importance que pour l'aquarelle qui nécessite une pâte spéciale. il est bon toutefois de le choisir avec soin.

Suivant le genre de dessin qu'on voudra exécuter, suivant aussi sa manière personnelle de travailler, on prendra un papier plus ou moins grenu. Si vous faites des dessins très fins. où les détails abondent, choisissez de préférence un papier à grains fins. Pour les croquis au trait. les notes. papier fin aussi. Pour des scènes à effet, mieux vaut un grain plus relevé, mais je le répète, ceci est beaucoup une affaire de goût, d'habitude. Comme nous le verrons par la suite, on peut adjoindre des touches de lavis et même faire au lavis de grandes parties. puis les reprendre au crayon : dans ce cas. il est essentiel d'avoir un papier propre à supporter le lavage ; la première condition est, naturellement, que le papier soit ce qu'on nomme « papier collé ». sous peine de s'emboire comme le papier buvard. type du papier sans colle.

Pour le crayon noir, un papier à grain un peu relevé, est préférable.

Pour la sanguine, il vaut mieux se servir d'un papier à grain fin.

En somme, les qualités qu'on doit exiger d'un papier, sont : une force, une épaisseur suffisantes, qu'il ne soit ni cassant, ni mou ; le grain, qu'on le choisisse très fin ou fort, doit être régulier, il ne faut pas que le papier présente des aspérités autres que celles de ce grain ; il va sans dire aussi qu'il doit être exempt de défauts, de pailles, de corps étrangers, etc.

L'emploi des papiers teintés est tout indiqué dans certains dessins au crayon : ceux avec deux crayons, par exemple, crayon noir repiqué de blancs dans les lumières ou de sanguine. Il faut pourtant, (sauf pour certains effets voulus très accusés et pour lesquels 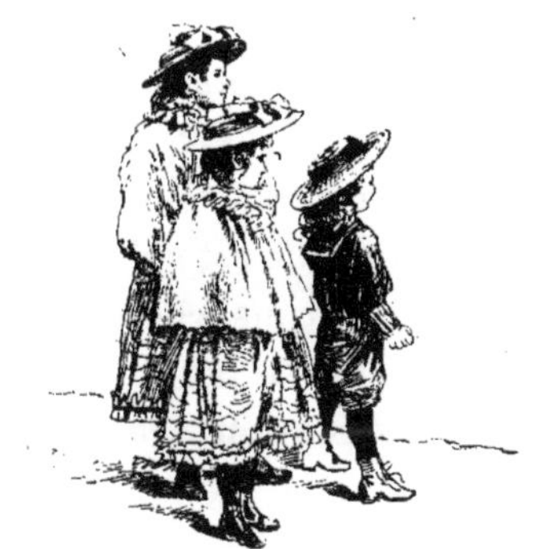 on prendra alors un ton *ad hoc*, choisir des teintes claires : papiers crème, grisâtre, bleuté ou rosé ; ceci, je le répète, pour les dessins « faits ». Pour les croquis, peu importe le ton, chacun usera de celui qu'il préférera, quant à moi, je me contente, tout uniment, de papier d'un blanc crémeux, tandis que d'autres ne « croquent » que sur papier gris ou sur papier rose.

Lorsqu'on dessine au crayon seulement, il suffit de piquer sa feuille au moyen de punaises, soit sur une planchette bien unie, soit sur un carton très uni lui aussi; s'il s'agit d'ajouter du lavis ou de l'aquarelle il vaut mieux tendre sa feuille. Nous ne reviendrons pas ici sur les manières de s'y prendre, que nous avons indiquées plusieurs fois dans d'autres brochures.

Voilà tout, quant au papier.

CHAPITRE V

MANIÈRE DE PROCÉDER POUR LE DESSIN A MINE DE PLOMB

Comment doit-on s'y prendre pour faire un dessin à la mine de plomb?... Nous allons essayer de vous le dire, vous verrez qu'entre tous les procédés passés, présents et futurs, c'est celui-ci qui est le plus simple.

Nous ne dirons rien du croquis, car celui-ci n'est régi que par la fantaisie la plus complète. Dans un croquis l'exécution proprement dite ne signifie absolument rien; le croquis est au dessin ce que la note est à l'article à traiter; le croquis au galop, celui qui en trois traits rappelle une chose vue peut être comparé, lui, à la sténographie.

Quand vous prenez une note, peu importe qu'elle soit griffonnée, cette note est pour vous, vous seul devrez la déchiffrer; quand vous sténographiez (si vous savez sténographier toutefois) peu importent les signes que vous employez, que ce soient vraiment les signes conventionnels, connus de tous les sténographes, ou que ce soient des signes créés par vous, si vous les comprenez, leurs formes sont secondaires ; de même dans le croquis pourvu que vous vous y retrouviez, vous, les autres n'ont rien à y voir ; si d'après

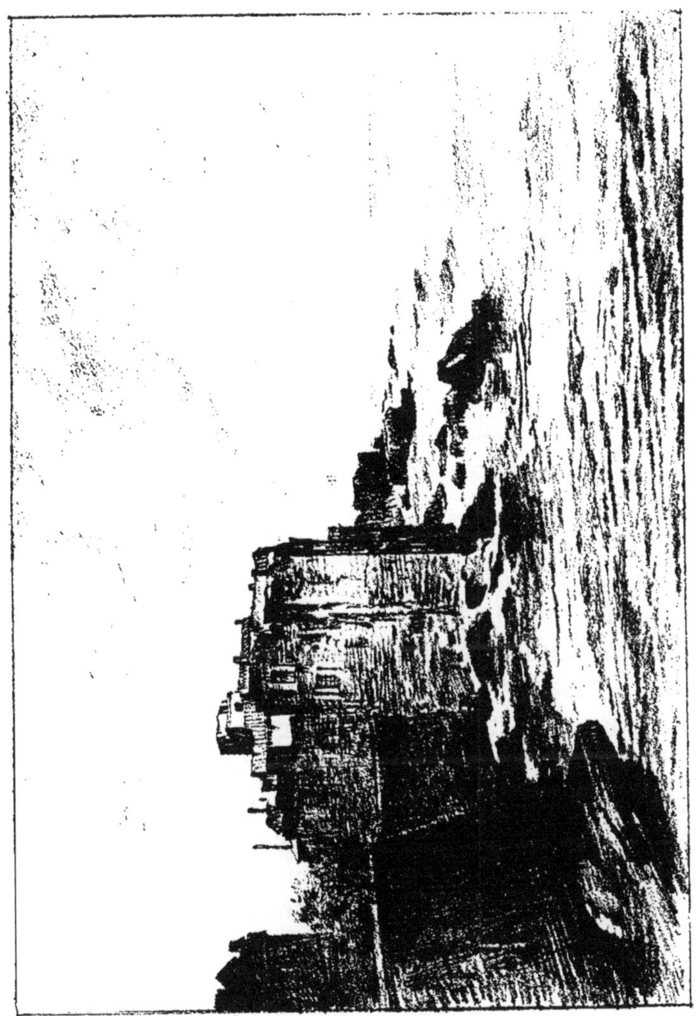

votre croquis vous pouvez exécuter ce pour quoi vous l'avez pris, le but sera rempli.

Donc, point d'indications à donner autres que celles

qui précèdent et qui ont rapport aux crayons, au papier ;
quant à la facture, liberté pleine et entière de faire
tout ce que vous voudrez et même d'employer tout
crayon, tout papier à votre convenance.

Est-ce à dire que, pour le dessin au crayon, il va
falloir vous astreindre à suivre des règles sévères (mais
justes)? En aucune façon ; de méthodes proprement
dites, il n'y en a point et je me moque pas mal que vous
ayez commencé votre dessin par en haut ou par en
bas, si ce dessin est bien en tant que mise en place
et qu'exécution ; donc point de règles absolues, mais
des renseignements qui vous faciliteront votre travail.
Je vous traite comme si vous n'aviez jamais crayonné,
même comme si vous n'aviez jamais vu de crayon et,
pour que vous ne soyez pas trop embarrassé lorsque
vous en aurez enfin un entre les doigts et que vous
voudrez, sur le beau papier que voilà, lui faire remplir
son office, je vais m'efforcer de vous donner quelques
explications préalables quitte, après, à ce que vous vous
y preniez tout inversement si cela vous plaît.

La première condition, tout aussi bien pour le
crayon que pour tout autre outil, est de s'efforcer d'ac-
quérir de la souplesse, de la légèreté de main ; le
crayon ne doit pas être tenu solidement, serré entre
les doigts, mais, au contraire, rouler entre ceux-ci,
obéir à leur moindre impulsion, aller à droite, à
gauche, en haut, en bas, sans le moindre effort ; sans
le moindre effort aussi, il doit pouvoir tracer lignes
courbes ou droites, marquer des accents violents ou
tracer des traits délicats.

Il faudra, outre son crayon, sa gomme et son canif,
avoir dans son étui quelques estompes, dans une boîte
un peu de mie de pain.

En général, je ne suis pas très partisan de l'estompe pour les dessins à la mine de plomb, ce qui ne veut pas dire que j'en répudie complètement l'emploi, mais que je conseille de l'employer très modérément, dans les tons de fonds, les ciels, etc. ; il faut s'en défier dans les premiers plans où elle donne souvent de la mollesse. La mie de pain est indispensable d'abord pour des enlevages de clairs non réservés, ensuite pour des effaçages de crayon noir ou de sanguine ou de mine de plomb, crayon tendre ; la gomme étalerait celui-ci

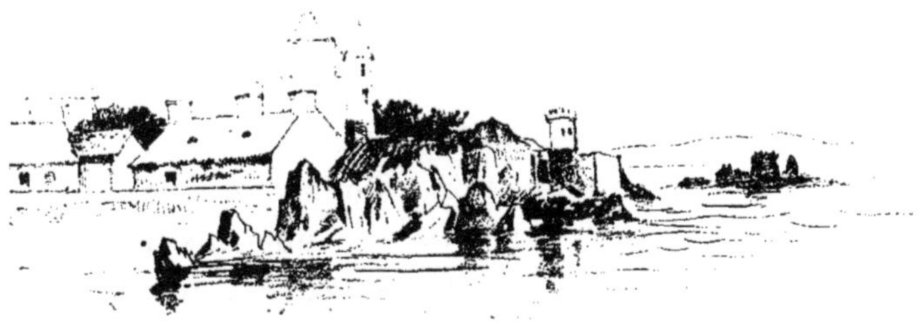

et salirait le papier, seul le crayon dur doit s'effacer à la gomme.

Pour commencer un dessin au crayon, indiquez-en d'abord très légèrement l'ensemble ; mettez avant tout votre dessin en page : ceci est parfois difficile. Où doit-on couper un dessin ? Comment doit s'étendre le ciel ? Faut-il en laisser relativement peu et donner beaucoup de terrain, ou bien est-il préférable de donner au premier la priorité au détriment du second ?... Pour ceci, point de règle : c'est une affaire de sentiment de « bien voir » qui peut seul guider. Certains artistes ont un don naturel pour « couper leur motif », d'autres sont forcés de chercher, de tâtonner avant de se décider et parfois lorsqu'une œuvre est terminée on s'aperçoit qu'on aurait dû la mettre en page différemment ; quand il y en a de trop, le mal est réparable, mais quand on n'en a pas mis assez, dame, il n'est guère de remède. Certains dessinateurs se servent d'un moyen simple pour se rendre compte de la place d'un dessin, ils se munissent d'un petit cadre au travers duquel ils regardent leur sujet : en l'éloignant plus ou moins, on réduit naturellement plus ou moins son sujet et on peut le voir sous divers aspects ; on choisit alors celui qui semble le mieux convenir. Le moyen est bon à employer, surtout pour les débutants. En général, dans un sujet quel qu'il soit, il y a toujours un motif principal au profit duquel tout doit être plus ou moins sacrifié ; ce motif sera « un *sujet* » ou « un *effet* » ; on doit donc s'efforcer de mettre l'un ou l'autre en belle place ; voilà à peu près la seule indication à donner, quand j'aurai ajouté qu'il faut rechercher un ensemble de silhouettes amusantes, éviter, dans le pittoresque, bien entendu, des symétries de lignes ou de valeurs, je vous aurai dit à peu près tout ce qu'il est possible de dire à cet égard. Si nous étions ensemble, mon cher lecteur, devant un motif à peindre ou à crayonner et que vous fussiez embarrassé pour le placer sur votre bloc ou sur votre album, nous chercherions ensemble et peut-être pourrais-je vous donner un conseil pratique, mais nous n'avons devant les yeux, vous, que ce que vous lisez, moi, que ce que j'écris, et je n'ai point le plaisir d'être auprès de vous autrement que par la pensée... pour faire d'après nature, c'est insuffisant.

Préoccupé de ce que je viens de dire, il me vient à la pensée de vous conseiller de faire plusieurs dessins pareils en tant que sujets et qu'effets, mais divers comme mise en page... vous verrez vous-même combien ce même motif changera uniquement par le changement

de ses lignes extrèmes; ceci pourra vous faire comprendre un peu l'importance de ce que je viens de dire.

Voici une bien longue discussion qui m'a éloigné
quelque peu de mon sujet, mais cette digression de-

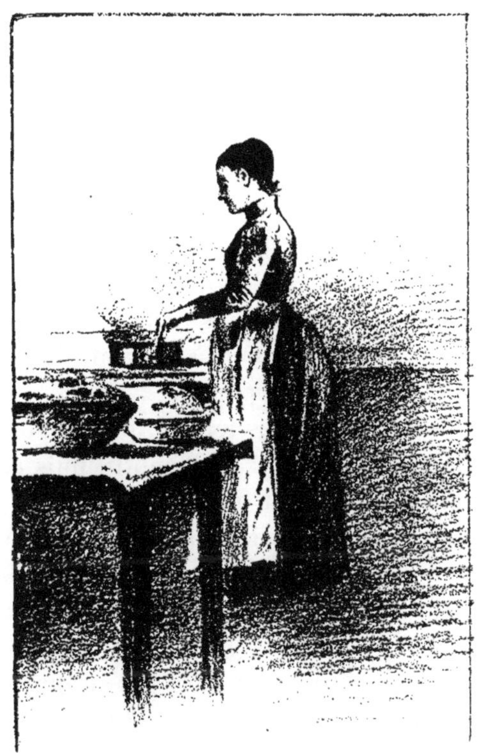

vant vous êtes utile, je ne la regrette pas et vous l'ex-
cuserez.

Reprenons donc le crayon au point où nous l'avons
laissé, il était en train, n'est-ce pas, de tracer les lignes
d'ensemble du dessin, et ce très légèrement de façon à
peine visible; ce crayon est un crayon dur; bien! —
Votre mise en place est faite, il s'agit maintenant de

dessiner, toujours légèrement, mais de façon plus précise, les détails et les formes renfermées dans les silhouettes d'ensemble que vous venez de tracer.

Voilà votre dessin préparé, chaque chose est bien à sa place, il s'agit à présent de mettre l'œuvre à l'effet. Vous n'avez à votre disposition qu'un ton unique, le noir qui passe par toutes ses gradations depuis le ton le plus élevé : noir pur, ton du crayon, jusqu'au gris le plus doux, ton obtenu par la mine à peine appuyée ou par l'estompe ; enfin, les blancs seront réservés, c'est le papier qui les donnera.

Dans les dessins sur papier teinté, la teinte même sera la valeur la plus claire et les blancs purs seront obtenus au crayon blanc ; mais nous verrons cela par la suite, occupons-nous, quant à présent, du dessin à un seul crayon ; la mine de plomb.

Il faut d'abord masser vos teintes, ne pas vous amuser à finir complètement tel petit motif, puis passer à tel autre, mais procéder par masses, par plans.

En général, il vaut mieux indiquer d'abord les valeurs les plus claires, puis celles d'une valeur plus élevée et en arriver ainsi aux tons foncés ; les accents violents se posent en dernier.

Cette manière de faire, qui n'est pas absolue et dont on peut fort bien se départir, a une raison d'être : sur un ton clair vous pouvez toujours appliquer un ton foncé, sur un ton foncé, à moins d'user des enlevages à la mie de pain qu'il faut éviter le plus possible, on ne peut mettre un ton clair ; or, en agissant comme je viens de le dire, en partant de la moindre valeur pour arriver à la plus intense on marche à coup sûr.

Voici une autre manière de procéder, mais il faut être assez sûr de soi déjà pour l'employer : marquer d'abord son effet foncé, c'est-à-dire le point qui doit

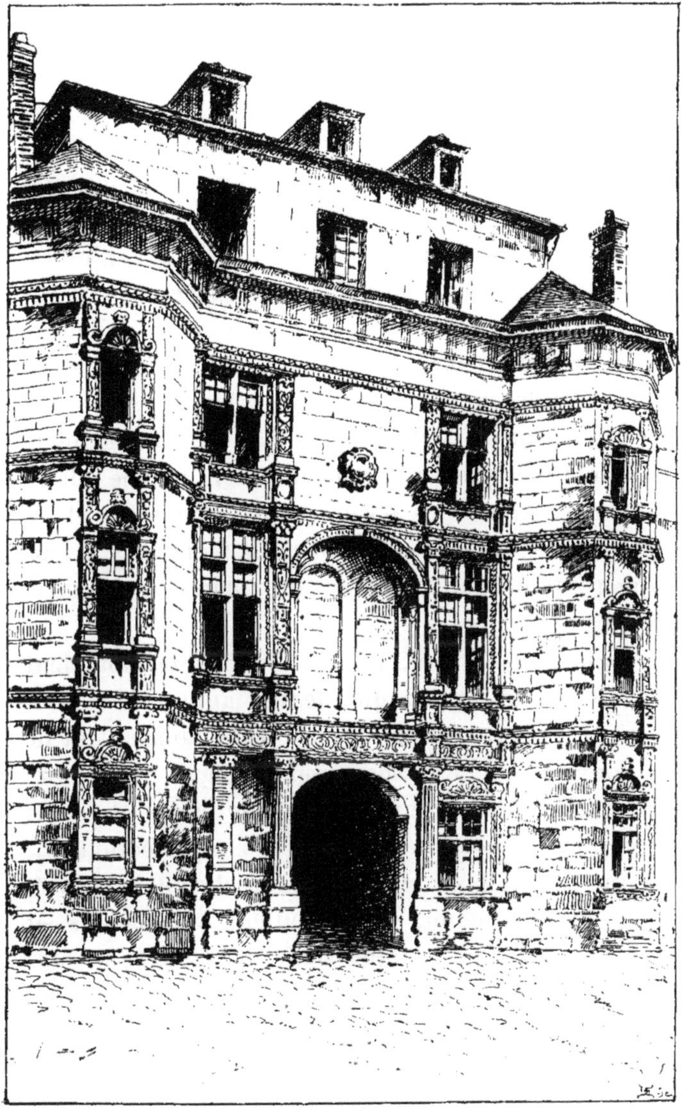

dominer comme intensité; puis rayonner tout autour

par valeurs plus ou moins accentuées suivant leur plus ou moins d'éloignement.

Je viens de dire : plus ou moins d'éloignement, cela signifie-t-il que toujours les parties les plus lointaines doivent être les plus claires, et *vice versâ* ? Nullement. En dehors des jeux de lumière qui renversent très souvent les effets et vous donnent en premier plan des clairs violents, au second et au troisième de la lumière encore et dans le fond des tons plus foncés (plus estompés aussi), il y a les couleurs à rendre par des valeurs d'un ton monochrome ; là, gît une grosse difficulté. Nous allons en parler. Laissez-moi d'abord revenir en quelques mots sur les effets renversés par la lumière et dont je viens de parler. Quelle que soit l'intensité de cette lumière et quelque capricieusement qu'elle éclaire votre sujet. dites-vous toujours qu'entre vous et les plans gradués qui s'étagent sous vos yeux, il y a l'atmosphère qu'on doit toujours sentir dans toute œuvre. Cela est essentiel.

Pourquoi tel tableau, tel dessin, incontestablement bien en tant que lignes, que dessin, amusant, en tant que sujet choisi, vous laisse-t-il froid pourtant et ne vous donne-t-il aucune sensation de chose vue, alors que tel autre, peut-être moins bien de lignes et moins joli de sujet, vous séduit malgré ses imperfections ?... C'est que dans le premier, l'artiste s'est seulement préoccupé de son dessin, de sa couleur, des détails et n'aura pas su les envelopper d'air ambiant, ce à quoi l'autre se sera surtout ingénié. Ne vous y trompez pas, cela n'est pas aisé de faire sentir l'atmosphère dans une œuvre ; il faut non seulement pour cela bien poser ses valeurs et ses effets, mais encore savoir assourdir adroitement certaines parties et bien envelopper entre eux les divers plans. Non seulement, les tons lointains sont toujours de tonalité et de valeur moins accusées que les plans rapprochés, mais, cela va sans dire, les détails s'atténuent de plus en plus, au fur et à mesure que le plan qui les porte s'éloigne.

Revenons aux couleurs dont il s'agit de rendre à peu près l'effet, sans emploi de nuances diverses, pourtant ; vous n'avez ici à votre disposition que votre crayon qui ne peut vous donner que des gradations d'un ton unique, depuis le plus clair jusqu'au plus foncé ; en un mot le crayon vous donnera des *valeurs*, non des couleurs. Nous insistons avec intention sur les termes *valeurs* et *couleurs* dont nous voudrions bien faire comprendre la différence.

Pour quiconque n'est pas habitué à dessiner d'après nature, il surgit ici, nous l'avons dit, une difficulté assez notable : déterminer la valeur d'une couleur.

Je m'explique par un exemple : Voici un sujet qui se compose d'une maison au toit rouge, entourée d'arbres verts, le tout planté sur un terrain ocré. Comment rendre cela à l'aide du noir ? Évidemment l'effet absolu est impossible et il faut se contenter d'un effet conventionnel, mais encore faut-il que chacun des motifs soit bien à sa valeur ; or, quelle sera la valeur de chacun d'eux ?... Si le tout était de même couleur, ceci serait facile, il n'y aurait qu'à chercher à rendre l'intensité de chaque chose, mais la couleur ici vient vous embrouiller quelque peu, vous qui n'êtes point habitué à dessiner d'après nature ? Il vous faudra apprécier la valeur de chaque couleur. Le vert des arbres sera-t-il d'une valeur plus violente ou plus douce que le rouge des toits ? Le terrain sera-t-il plus ou moins en valeur que ces toits et ces arbres ?...

Il est impossible de donner une règle fixe, puisque nous sommes ici à la merci des changements de lumière qui modifieront évidemment les valeurs et feront si bien que ce toit rouge, qui tantôt bien éclairé était d'une valeur beaucoup plus claire que les arbres, est devenu subitement d'une valeur plus foncée à cause d'un changement d'éclairage qui actuellement fait ressortir les arbres en clair et met le toit dans l'ombre.

Il faut, quand on dessine au crayon (ou par tout autre procédé monochrome, ne se préoccuper uniquement que des valeurs, non des couleurs, puisqu'elles sont inrendables, et s'efforcer de dégager les valeurs de chacune d'elles. — En clignant fortement des yeux et en regardant bien attentivement on arrivera à les débrouiller à peu près. — Le point principal est de trouver d'abord la partie la plus éclatante, puis la plus foncée, on cherche ensuite les intermédiaires.

En somme, ceci paraît fort confus à l'explication, mais se simplifiera, la nature étant là pour vous aider.

Pour achever de me faire comprendre, je citerai comme exemple de fautes de valeurs, celles que produit la photographie qui, quoiqu'on en dise, n'est que très approximativement le rendu de la nature. Certaines couleurs viennent foncées en photographie, alors qu'elles sont de valeurs claires et telles autres viennent en clair alors qu'en réalité elles sont d'un ton accentué. Prenons comme exemple le jaune et le bleu.

Mettons que vous ayez un vase d'un jaune brillant sur lequel se détachent des dessins bleus ; il est évident, n'est-ce pas, qu'ici le jaune est la valeur claire et le bleu la valeur foncée, puisque ce dernier se détache en vigueur sur le premier ?... Eh bien, la photographie vous donnera la chose renversée, ce sera le jaune qui viendra en foncé et le bleu qui viendra en clair ; point de faute de dessin ici, mais une faute de valeur. Si dans un paysage vous avez, sur un ciel bleu des papillotis de feuillages jaune clair, le même cas se produira ; or, quelqu'inexpérimenté que vous soyiez, vous verrez bien, mon cher lecteur, que vous devez teinter votre

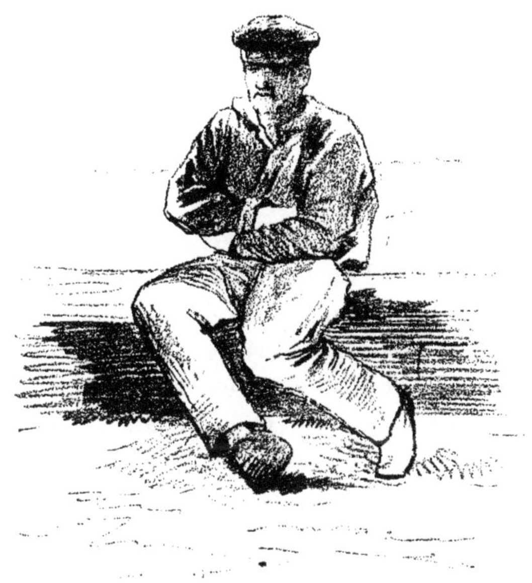

ciel et que vos feuillettes jaunes viendront piqueter celui-ci de tâches claires. Vous chercherez de même et toujours à faire valoir vos tons clairs, quelles qu'en soient les couleurs, sur vos tons foncés, quelles qu'en soient également les couleurs, sans jamais, surtout dans les arrière-plans, exagérer les détails au détriment des ensembles.

CHAPITRE VI

DE L'EXÉCUTION

Varier son travail le plus possible est nécessaire, ceci non seulement pour le dessin au crayon, mais pour tous les procédés quels qu'ils soient ; ceci je l'ai déjà dit et ne cesserai de le répéter ; si vous vous évertuez à traiter avec autant de finesse, et par un même travail, vos fonds que vos premiers plans, vous n'arriverez, même avec une œuvre exacte, qu'à un ensemble mou. Si, au contraire, vous variez votre façon de faire, estompant certaines parties, crayonnant fortement celles-ci ; si à côté d'un ton doux que vous vous efforcerez de rendre uni, vous posez des accents vigoureux, capricieusement indiqués, votre dessin prendra du piquant et l'effet général s'en ressentira.

Le dessin au crayon a cet avantage de permettre aisément cette variété de travail dont nous venons de parler ; ce serait une erreur de croire qu'il faut toujours procéder par tons à plats, estompés, bien proprets, bien unis.

Il faut, au contraire, user de tout et si certaines parties prêtent à une interprétation tranquille, faites de tons estompés, telles autres nécessitent des hachures vigoureuses, des traits bien accentués.

Lorsqu'on procède par traits ou hachures, il faut toujours indiquer les unes et les autres dans le sens de l'objet qu'on représente tout comme on le ferait pour un dessin à la plume, la façon de faire devient ici la même ; nous l'avons développée ailleurs (1).

(1) *Le dessin à la plume.*

J'ai dit en commençant que je n'étais pas très enthousiaste de l'estompe, sans toutefois la répudier tout à fait, mais moins on s'en servira, mieux cela vaudra.

Dans les fonds, pour certains à plat, l'estompe

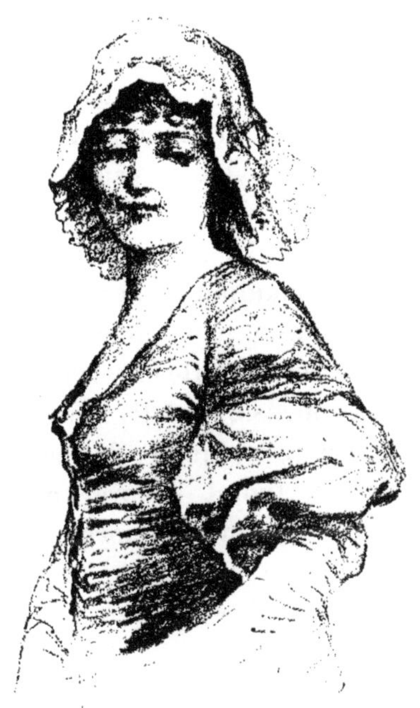

peut rendre des services, employée discrètement, elle peut produire des effets variés. De même, à l'aide de coton enduit de mine de plomb en poudre peut-on obtenir des tons très doux qu'on peut repiquer après de traits de crayon et d'accents.

Une des meilleures estompes est, à mon avis, tout simplement le doigt ; adroitement passé sur un travail de crayon qu'on veut adoucir, celui-ci peut donner des effets charmants aussi ; du reste, tous les moyens sont bons et, en déconseillant le plus possible l'emploi de cette pauvre estompe, mon but est surtout d'en empêcher l'abus.

Quant à la mie de pain, elle ne doit être, elle aussi, employée que discrètement; elle est indispensable pour l'enlevage de petites lumières qu'il serait, sinon impossible, tout au moins difficile de ménager; son office est presque équivalent à celui de la gouache employée dans d'autres procédés, et dont on se sert pour piquer des détails clairs, fleurettes blanches sur un terrain un peu monté de ton, herbes folles se détachant en clair, rides dans l'eau, etc., etc. Suivant la nature des clairs qu'on voudra enlever, on manipulera la mie de pain pour lui donner la forme voulue, pour obtenir ces clairs; tantôt elle sera roulée en boulette et servira alors à effacer des parties d'une dimension relativement grande, tantôt appointée, elle servira à piqueter des fleurs ou quelque feuillage lumineux, tantôt encore, aplatie entre le pouce et l'index, elle prendra la forme d'une lame qui glissée dans le sens de la tranche, lancera des herbes ou ridera de stries blanches une eau trop unie.

Le maniement des divers « ustensiles » est en somme des plus simples et des plus commodes; une grande étude n'est point nécessaire en tant que métier proprement dit, et pour peu qu'on sache voir et mettre en place ce qu'on voit, ce n'est pas, comme en bien d'autres procédés, l'outil qui sera ici un obstacle.

Il me faut ajouter quelques mots au sujet de l'enlevage des clairs; il est certaines méthodes qui préconisent l'emploi d'un instrument fort simple : la pointe d'ivoire qui sert, elle aussi, à réserver des blancs, stries dans l'eau, herbes sur un terrain; je suis pour ma part tout à fait opposé à cette façon de faire que je trouve

déplorable ; disons en quoi elle consiste, ne fût-ce que
pour empêcher d'y avoir recours.

La tige d'ivoire en question est à pointe arrondie de
façon à ne pas écorcher le papier. Partout où l'on veut
réserver des clairs, qui ne peuvent, en tous cas, être que
des lignes ou des points, on passe assez fortement la

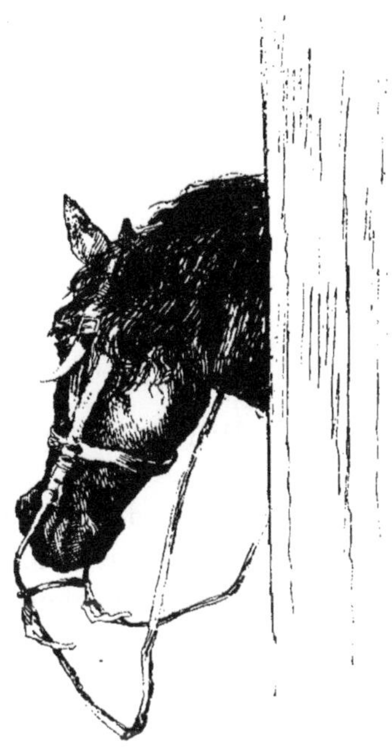

pointe de façon à ce que, entrée dans la pâte du papier elle y laisse un creux, dans ces creux le crayon
passé en sens opposé (c'est-à-dire que si vous avez un
creux vertical vous passerez horizontalement votre
crayon), ne pourra pénétrer, ces creux resteront donc
en blanc. Or ceci a plusieurs désavantages, d'abord
il y a là un non-sens, puisque vous indiquez vos
blancs avant même d'avoir mis le moindre ton ; or si
vous faites une erreur, si tel blanc fait mal, va te pro-

mener, plus de remède, votre blanc est gravé dans le papier et bon gré, mal gré, il faut qu'il y reste. Ensuite les bords prennent toujours un peu plus de crayon au passage, ce qui fait que tous vos blancs sont cernés d'un trait foncé, enfin votre papier rayé ainsi de droite et de gauche est abîmé ; ce moyen de faire est enfantin et je ne saurai trop le déconseiller. C'est un « *truc* », une « *ficelle* » de métier, mais si certains « trucs », si certaines « ficelles » peuvent rendre de grands services. il n'en faut faire usage que lorsqu'ils donnent un bon résultat, qu'ils n'enlèvent rien à la valeur de l'œuvre... m'est avis qu'ici ce n'est pas le cas.

CHAPITRE VII

DESSINS AUX DEUX CRAYONS

On peut faire, nous l'avons dit, des dessins au crayon en plusieurs tons, et cela de diverses manières. Soit en se servant de crayons de couleurs pour obtenir des effets complets (en ce cas, c'est le pastel qu'il faut employer, comme ayant les tons les plus variés), soit en employant deux crayons seulement : le crayon noir et le crayon blanc. la craie pour mieux dire. Les dessins aux deux crayons se doivent faire, cela va de soi, sur papier teinté, s'ils se faisaient sur papier blanc, ils n'auraient plus de raison d'être puisque les blancs sont alors obtenus par les réserves du papier et que, conséquemment, la craie ne pourrait être d'aucun secours, blanc sur blanc n'augmenterait en rien l'intensité d'un effet.

Donc nous prendrons, pour les dessins aux deux crayons, un papier d'une teinte que nous choisirons suivant notre fantaisie et le sujet à rendre ; bien que la teinte du papier soit purement conventionnelle il faut tâcher d'être logique et ne pas prendre, par exemple, un papier chamois pour faire un clair de lune et un papier gris ou bleuté pour un coucher de soleil ;

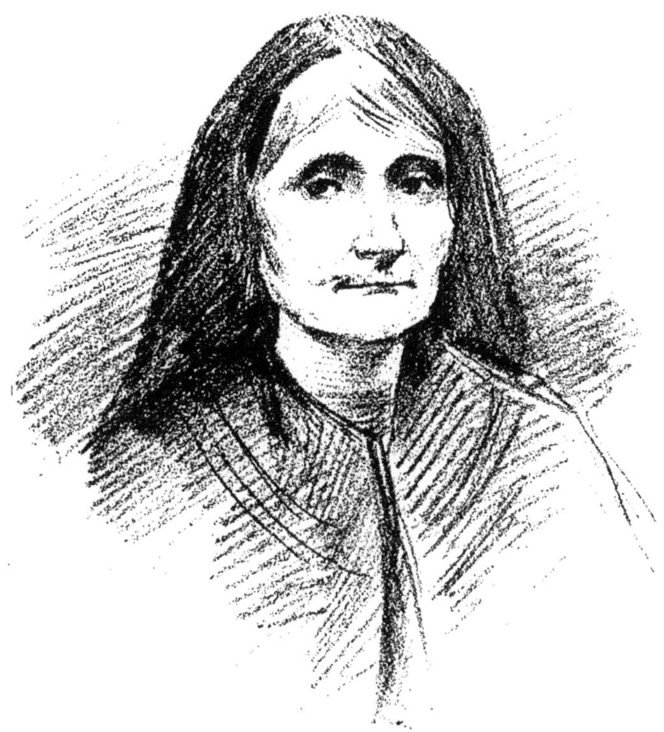

il tombe sous le bon sens, n'est-ce pas, que l'inverse vaut mieux, et que prendre le gris ou le bleuté pour le clair de lune et réserver le chamois pour le coucher de soleil sera beaucoup plus rationnel.

Vous avez donc choisi un papier dont la nuance, non seulement vous convient, mais convient encore au sujet que vous allez traiter. Commencez votre dessin absolument comme s'il devait rester en noir, mais au lieu d'indiquer au crayon, légèrement, comme vous l'avez fait quand vous dessiniez sur papier blanc, vos valeurs les plus claires, laissez celles-ci indemnes de tout travail, car ce sera le ton même de votre papier qui vous donnera ces valeurs.

Traitez, à part cela, votre œuvre absolument comme si elle devait rester en noir seulement, puis appliquez vos lumières violentes à l'aide de la craie ; là encore vous pourrez obtenir plusieurs valeurs de clairs, soit que vous couvriez complètement de blanc certaines parties, soit que laissant transparaître le grain du papier, vous obteniez ainsi des blancs plus doux, soit enfin que, procédant par hachures ou frottis légers vous arriviez à un ton plus clair encore.

Afin de ne pas se tromper quant à l'effet d'un dessin, il est bon de poser ses blancs à la craie le plus vite possible, si on ne les mettait qu'après la terminaison complète du dessin, on risquerait d'avoir des effets heurtés ou point à leur valeur. Il est bon de vous bien persuader qu'un ton vibre plus ou moins, ou s'atténue plus ou moins, suivant celui qui l'avoisine immédiatement, et ceci est tout aussi vrai pour les *tons-valeurs* que pour les *tons-couleurs*. Suivant la manière dont un blanc ou un noir sera entouré, ce blanc semblera éclatant ou atténué, ce noir, vibrant ou sourd. Tel ton, qui seul vous aura semblé juste, bien à sa valeur, perdra tout à fait sa justesse par celui que vous venez de juxtaposer ; or, dans le dessin aux deux crayons, il faut bien se dire que le blanc donne un clair très violent et que, par conséquent, il fera paraître foncé tout ce qui le touchera directement ; il faut donc faire la part de l'effet violent qu'il donnera et traduire, en

conséquence, toutes les autres valeurs pour que celles-
ci restent bien à leur degré une fois le blanc appliqué ;

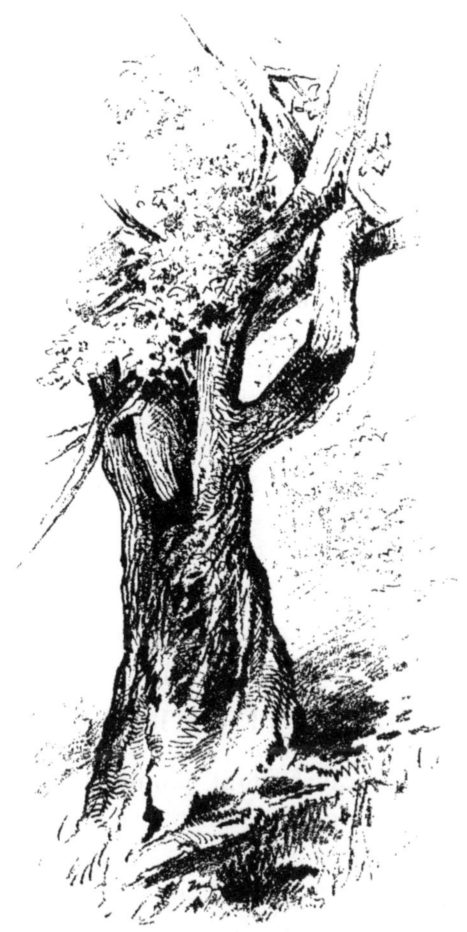

c'est justement pour éviter des mécomptes que je conseille de placer ses blancs principaux dès qu'on pourra ;
on aura alors la relation des valeurs entre elles, et on
pourra manœuvrer identiquement comme pour un

dessin sur papier blanc, puisqu'on aura ici aussi toute la gamme à dérouler depuis le blanc pur jusqu'au noir intense, en partant non seulement du ton plus doux que puisse donner le crayon, mais en passant par des tons plus vaporeux encore, ceux que donnera le papier laissé tel quel ou légèrement atténué de blanc.

En somme le dessin aux deux crayons n'est guère plus difficile que celui au crayon unique, et l'on y arrivera vite si l'on s'est exercé à bien poser un effet; par le procédé dont nous venons de parler l'intensité de cet effet sera grandement augmentée et on pourra vraiment obtenir ainsi des œuvres non seulement jolies, attrayantes à voir, mais encore très vibrantes.

Ce que nous venons de dire, comme du reste, tout ce qui est dit dans cette brochure, s'applique à tout genre, quel qu'il soit, aussi bien la figure que les fleurs, la marine que le paysage. Si les sujets varient, la façon de voir et de rendre est la même.

CHAPITRE VIII

LE CRAYON MINE DE PLOMB RELEVÉ DE LAVIS

Le dessin au crayon, tout comme le dessin à la plume peut fort bien prêter au relevé de couleurs fait à l'aide du lavis.

On peut s'y prendre pour ce faire de deux façons différentes; première manière: après avoir indiqué sommairement les silhouettes de votre sujet, après avoir mis chaque chose bien en place, en un mot, une fois le croquis indiqué, prenez votre boîte à aquarelle et par grandes teintes plates indiquez les masses que vous

voulez colorées ; il ne faut pas mettre de teintes violentes qui seraient criardes, mais les laisser transparentes ; celles-ci une fois sèches vous travaillerez au
crayon, par-dessus de la même façon que si votre papier était indemne de tout coloris, vous pourrez seulement faire un travail moins serré, moins poussé puisque les teintes que vous avez appliquées sont des valeurs
que vous n'aurez plus à donner au crayon. Votre dessin
terminé, vous repiquerez, s'il y a lieu, quelques notes
de couleur un peu vibrantes et vous pourrez ensuite
compléter votre travail de crayon.

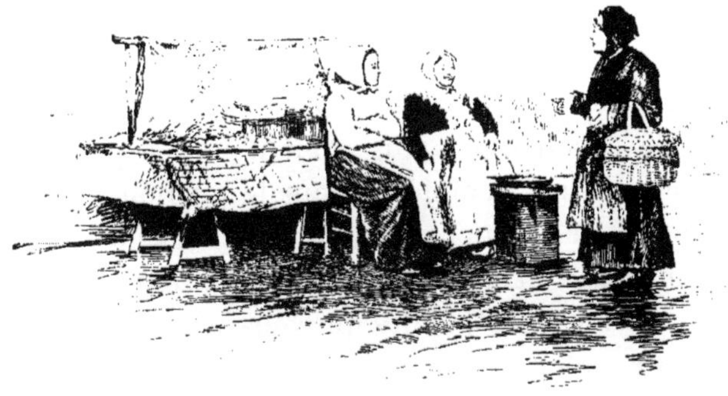

La seconde façon de faire, pour le dessin agrémenté
de lavis, diffère de la première en ce que, au lieu de
vous borner à faire, avant tout coloris, un croquis seulement, vous exécuterez votre travail au crayon comme
s'il n'avait pas à recevoir de lavis, mais en le tenant
toutefois moins poussé et en tenant compte, à l'avance,
du rôle que vous comptez faire jouer à la couleur. Votre dessin ainsi terminé, vous aquarellerez votre œuvre
plus ou moins, selon (comme dans le premier cas du
reste) que vous voudrez donner la prépondérance à la
couleur ou au crayon ; les accents se donnent ensuite,
avec ce dernier.

En s'y prenant comme nous venons de le dire, on n'obtiendra pas tout à fait le même effet que par la première méthode indiquée. Ici, en effet, vos teintes passant sur le crayon atténueront quelque peu celui-ci, enlèveront de l'intensité et adouciront votre travail que vous relèverez, nous l'avons dit, par les dernières touches de crayon, la couleur ici aura donc le pas sur le crayon ; le contraire se présentera dans l'autre cas.

Lequel des deux moyens est préférable ?.. Tous deux sont bons, tous deux peuvent être employés ; le sujet qu'on veut rendre, l'effet qu'on veut obtenir, décideront du parti qu'il faut prendre. Pour telle œuvre, vous commencerez par la teinte, pour telle autre, c'est le crayon qui débutera. Il n'y a ici, vous le comprendrez, pas de règle absolue, pas plus qu'il n'y en a pour le nombre de couleurs à employer pour le plus ou moins de vigueur à leur donner. En tous cas on peut faire, grâce au mariage du lavis avec le crayon, des œuvres fort séduisantes d'aspect. Notez que vous pouvez pousser fort loin votre coloris et ne pas vous borner seulement à des teintes plates, unies, mais que rien ne vous empêche de modeler celles-ci, de donner au côté aquarelle une très grande part, comme vous pouvez aussi n'avoir recours à celle-ci que comme accompagnement léger ; mettre un léger ton de ciel, quelques teintes verdâtres dans les arbres, des ocres ou des bistres dans les terrains, etc.

Il faut surtout chercher des harmonies et ne point faire heurter ; ne pas, en un mot, retomber dans l'imagerie d'Épinal.

Le procédé que nous indiquons s'adaptera tout aussi bien à la figure qu'à la décoration, les moyens sont les mêmes et le goût de l'exécutant doit être le seul guide.

Il va sans dire que, d'après l'axiome : « qui peut le plus, peut le moins » vous pourrez fort bien aussi vous contenter d'une teinte unique ; à votre choix ; ceci rentrera alors dans le même ordre d'idées que les dessins au crayon sur papier teinté avec cette différence, toutefois, que vous n'aurez pas de blanc à employer, ces blancs, vous aurez eu soin de les réserver en passant votre teinte : vous aurez en outre l'avantage de pouvoir mettre votre teinte plus ou moins foncée suivant que votre valeur devra être plus ou moins corsée.

Le crayon à la mine de plomb, comme tous les autres, se fixe au fixatif ordinaire, comme le fusain toutefois(1), si l'on appose son lavis après coup, celui-ci suffit pour fixer le dessin, les couleurs à l'aquarelle contenant des substances suffisantes pour faire adhérer le crayon.

CHAPITRE IX

QUELQUES ADJONCTIONS AU DESSIN AU CRAYON

Nous venons d'expliquer de notre mieux le parti qu'on peut tirer du lavis ajouté au dessin au crayon.

Mais ce n'est point là la seule adjonction à laquelle il se prête et l'on peut fort bien aussi faire des dessins mi-partie au crayon, mi-partie à la plume ; cette dernière servira aux parties fortes, aux contours bien marqués, aux accents, etc., et le crayon jouera alors un rôle équivalent à celui du lavis ; il sera en outre employé pour les parties lointaines, les ciels, etc.

(1) Voir *Le Fusain.*

Adroitement mélangés, ces deux procédés : la plume, le crayon, peuvent prêter à des effets très intéressants, et si l'on veut pousser plus loin encore la fantaisie on ajoutera même du lavis, quelque peu coloré.

Dans le dessin sur bois, dont nous avons eu occasion de parler ailleurs (1) on emploie et le crayon et la plume et le pinceau, celui-ci sert alors non seulement pour apposer des teintes transparentes, légères, mais encore pour des teintes opaques, mélange de noir et de gouache.

Pour qui sait bien manier les uns et les autres, les effets à rendre sont innombrables et le dessin, ainsi fait, acquiert non seulement une grande variété de tons, mais encore une intensité ici et une douceur là difficiles à obtenir au crayon seulement.

Or, rien n'empêche de procéder sur papier identiquement comme sur bois. Les teintes de noir obtenues au lavis ont une qualité toute différente de celles obtenues par le noir mélangé de gouache; la gouache ayant la propriété de couvrir, permet des touches foncées ou claires par-dessus des tons déjà posés. Essayez-donc quelque étude en employant ces divers éléments et vous verrez par vous-mêmes combien vos œuvres acquerront de variété.

CHAPITRE X

LE CRAYON NOIR

Bien qu'il y ait, entre l'exécution d'un dessin à la mine de plomb et celle d'un dessin au crayon noir une

(1) *Les procédés de reproduction en relief.*

grande analogie, la nature différente de chacun d'eux nécessite, toutefois, quelques changements dans la façon de faire.

Les anciens maîtres ne se servaient pour leurs dessins que de fusain d'abord, puis d'une sorte de schiste dénommé pierre du Piémont, substance argileuse, très noire et se taillant facilement; c'était en somme l'équivalent en noir de ce qu'est la sanguine en rouge.

La plombagine fut ensuite employée (mine de plomb).

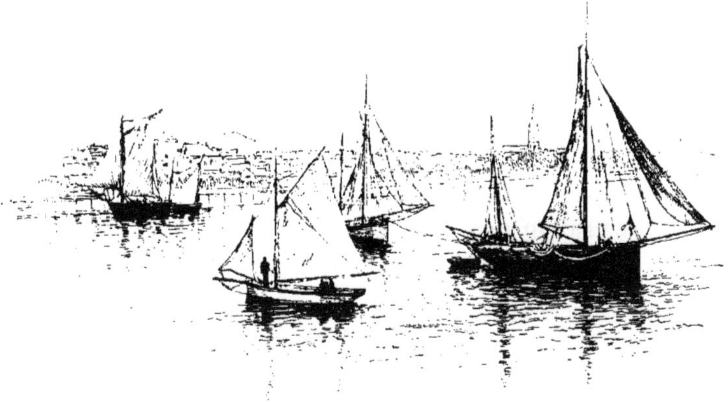

Enfin à la fin du siècle dernier Conté trouva le moyen de fabriquer des crayons à l'aide d'une substance dont il est l'inventeur et composée de noir de fumée et d'argile broyés en poudre impalpable puis soumis à une cuisson plus ou moins longue suivant le plus ou moins de dureté à obtenir.

D'autres sortes de crayons noirs ont été trouvées ensuite mais le point de départ est le même. Certains crayons noirs sont secs et crayeux comme le Conté, d'autres sont plus gras et tiennent le milieu entre celui-ci et la mine de plomb, ayant du premier le

noir mat et du second le toucher quelque peu onc-
tueux.

Pour les croquis succincts ou même un peu poussés,
je conseille le crayon à la mine de plomb, il me semble
plus pratique. mais pour les dessins un peu importants,
très à l'effet, le crayon noir vaut évidemment mieux car
il permet des effets plus intenses.

Comme les crayons à la mine de plomb, les crayons
noirs ont divers numéros et partent du très dur pour
aller au très tendre. Plus le crayon noir est dur et plus
il permet de faire fin et de donner des tons doux, plus
il est tendre et plus les noirs qu'il produit sont intenses.

Si l'on voulait faire des croquis au crayon noir (ce qui
se peut faire très bien et certains artistes même le
préfèrent à la mine de plomb) le n° 2 suffirait grandement, le crayon noir fixe est excellent aussi.

Les crayons noirs sont ou en mines (carrées ou rondes)
qu'on emmanche soi-même dans des porte-crayons ou
dans des porte-mines ou enveloppés de bois comme les
crayons à la mine de plomb. Les deux peuvent s'employer. Pour des dessins un peu larges, il vaut mieux
se servir de mines libres ; celles-ci étant plus grosses que
celles encastrées dans une enveloppe de bois, permet-
tent des touches plus larges ; la mine de crayon noir
devient alors presque l'équivalent du fusain en tant que
forme et que maniement, seulement si au fusain vous
pouvez presque impunément donner des touches à la
diable. sûr que vous êtes de les faire aisément disparaître
à l'aide de l'amadou, de la peau de gant ou de la mie de
pain, vous n'avez point au crayon noir la même res-
source ; il tient comme le diable cet excellent crayon
et dame une fois sur le papier il y reste solidement fixé ;

il faut frotter ferme et user pas mal de pain pour

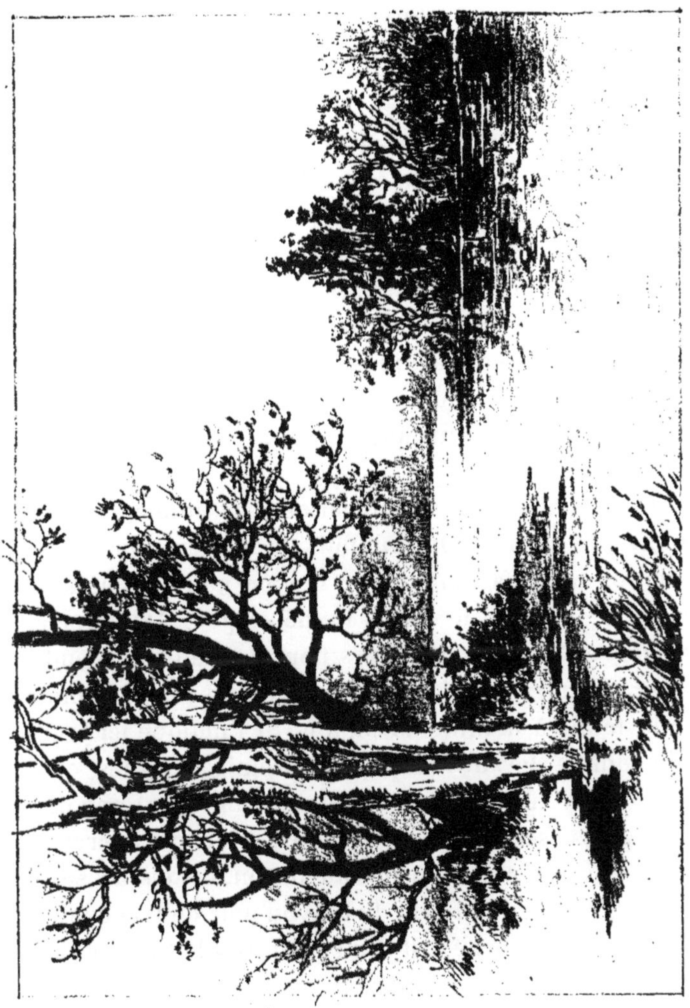

lui faire lâcher prise ; ceci vous dit assez qu'il faut s'en
servir avec prudence et à coup sûr.

CHAPITRE XI

DESSIN AU CRAYON NOIR

Nous ne nous appesantirons pas longuement sur l'exécution du dessin au crayon noir dont les principes sont identiques à ceux de la mine de plomb ; tout ce que nous avons dit quant à la question dessin, effet, etc. peut s'appliquer tout aussi bien au procédé dont nous nous occupons en ce chapitre qui a pour but unique de signaler seulement quelques légères différences dans la manière de s'y prendre. Nous avons dit plus haut que le crayon noir est plus adhérent que la mine de plomb, il marque davantage.

On commencera son indication d'ensemble, par des tracés très légers au fusain, puis, la mise en place bien faite, on fera ses contours au crayon noir dur puis on usera de crayons de divers numéros pour les diverses valeurs et du crayon *velours* pour les noirs profonds.

On conduira son dessin alors identiquement comme on le ferait à la mine de plomb. Si j'indique ici le fusain comme devant indiquer les premières lignes, c'est que le crayon à la mine de plomb contenant une matière grasse serait rétif à recevoir par-dessus le crayon noir. Puisque nous parlons du fusain, disons de suite que l'alliage de celui-ci et du crayon noir, dont la qualité de ton se rapproche, est d'un effet absolument parfait et que j'engage fortement ceux qui me lisent à user des deux dans une même œuvre.

Le crayon noir demande plus de soins encore que la mine de plomb ; en traçant des traits il faut avoir soin que la paume de la main ne frotte pas ceux déjà faits sous peine de les étaler et de salir le papier partout où ce frottement aura été fait. Le crayon *noir fixe* seul n'a pas cet inconvénient.

Tout comme pour la mine de plomb on usera ici, sur papier teinté, des deux crayons : blanc et noir, le moyen de procéder est le même. On peut, si l'on veut, adjoin-

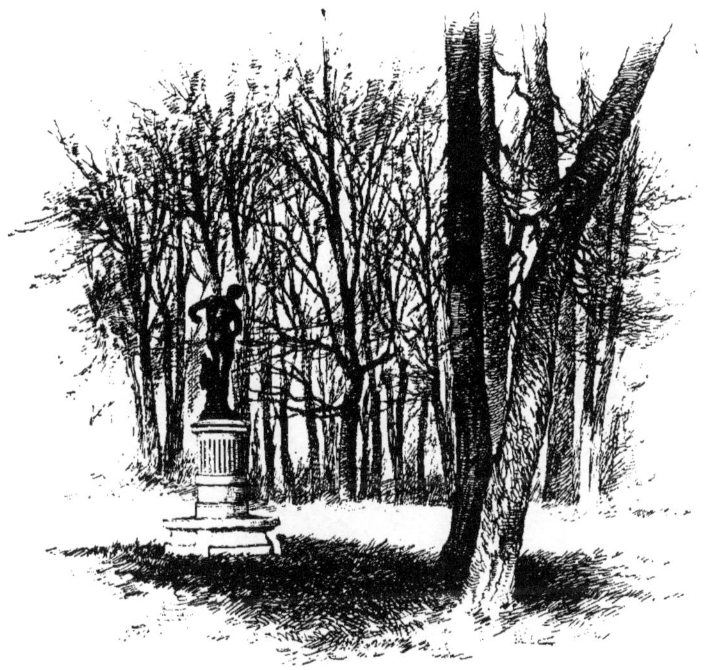

dre aussi la sanguine et faire ainsi des dessins aux trois crayons ; bien compris ceux-ci peuvent donner des effets très intéressants.

On peut aussi faire des dessins au crayon noir rehaussés de lavis, mais il est urgent alors de placer les lavis en premier, car si l'on voulait employer le second mode indiqué pour la mine de plomb, on risquerait de salir complètement le dessin. La mine de crayon noir est

sèche et poudreuse et en passant un pinceau humide sur
la surface cette poudre se mélangerait à l'eau, la salirait
et, non seulement on ne pourrait obtenir des tons frais,

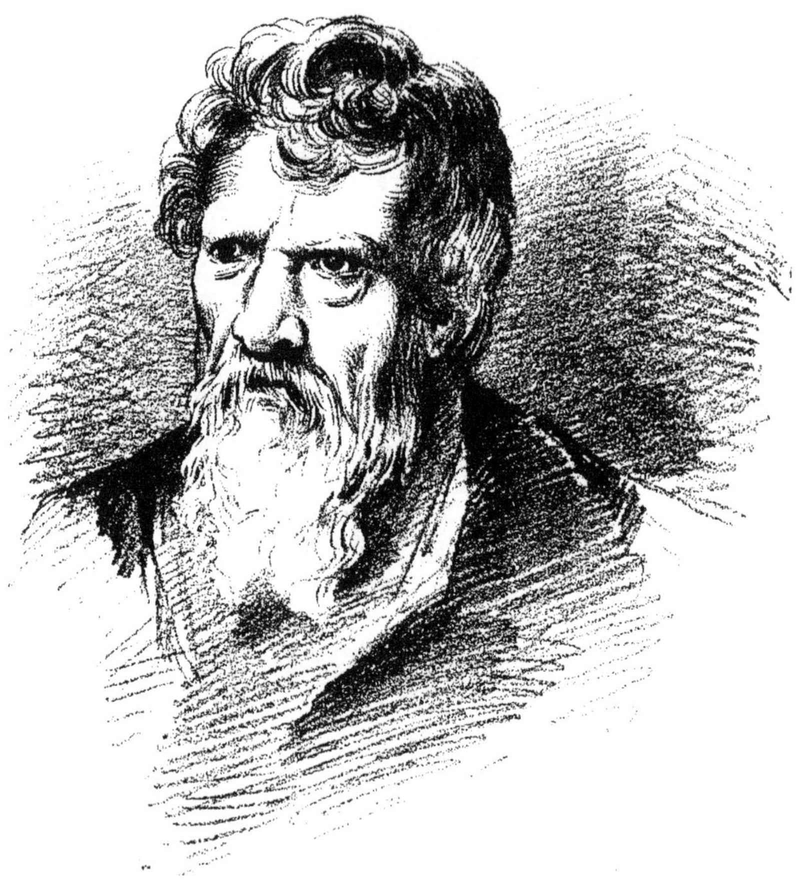

mais en enlevant la netteté des traits tracés on entraîne-
rait le noir, on l'étalerait partout, bref, ce serait un épou-
vantable gâchis. Donc, si vous voulez du dessin au crayon
noir rehaussé d'aquarelle, commencez par celle-ci et

faites votre dessin par-dessus après séchage complet. Ce

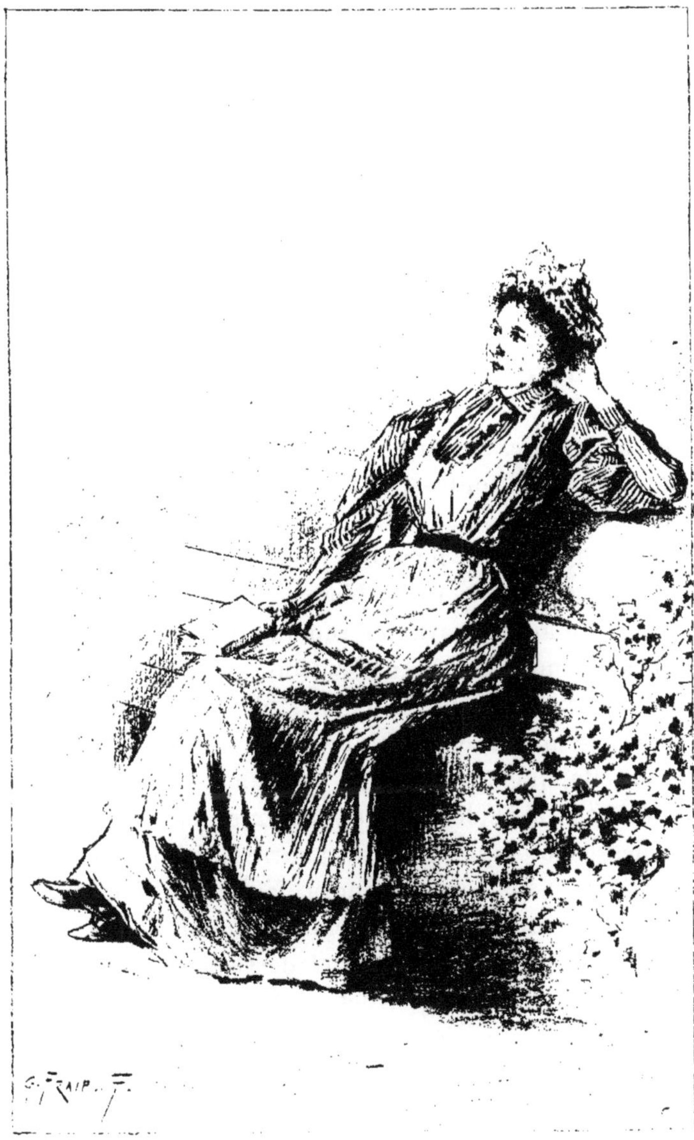

sera, en somme, de l'aquarelle réhaussée de crayon noir.

Ce que je viens de dire n'est pourtant pas une règle absolue et avec un peu d'adresse, ce qui est un défaut peut devenir une qualité. On peut profiter de la désagrégation du crayon noir pour donner des effets d'une intensité assez grande, aussi ne faut-il prendre au pied de la lettre le précédent paragraphe, qu'autant qu'on voudra garder des teintes fraîches. Si l'on se préoccupe seulement d'obtenir un effet d'ensemble on pourra très bien faire d'abord son dessin puis passer, mais très rapidement, la teinte après coup, celle-ci entraînant le noir du crayon veloutera les traits et donnera un ton de lavis atténué fort enveloppé. Il va de soi qu'on ne doit employer ce moyen que dans les parties vigoureuses et tenir indemnes de lavis après coup toutes les parties brillantes ou lumineuses.

Pour les blancs purs on peut aussi se servir de gouache au lieu de crayon blanc.

Il est un autre moyen de repiquer de tons un dessin au crayon noir, car il est parfois malaisé, lorsqu'on n'est pas très sûr de son coloris, de faire celui-ci par avance ; ce moyen est d'employer, au lieu de couleurs à l'aquarelle, quelques crayons de couleurs, du pastel de préférence ; à l'aide de celui-ci on ajoutera des teintes par-dessus le crayon noir, on pourra ainsi pousser son coloris aussi loin qu'on voudra. Notez que rien n'empêche de commencer par à plat à l'aquarelle, de faire ensuite son dessin au crayon et de se servir du pastel pour ajouter des accents, des teintes complémentaires. Comme en toutes choses le bon goût de l'auteur doit seul le guider ici.

Nous en avons assez dit, je pense. pour que rien ne vous embarrasse plus ou ne vous fasse hésiter devant

l'exécution d'un dessin au crayon noir, il nous reste à
présent quelques mots à dire sur la sanguine.

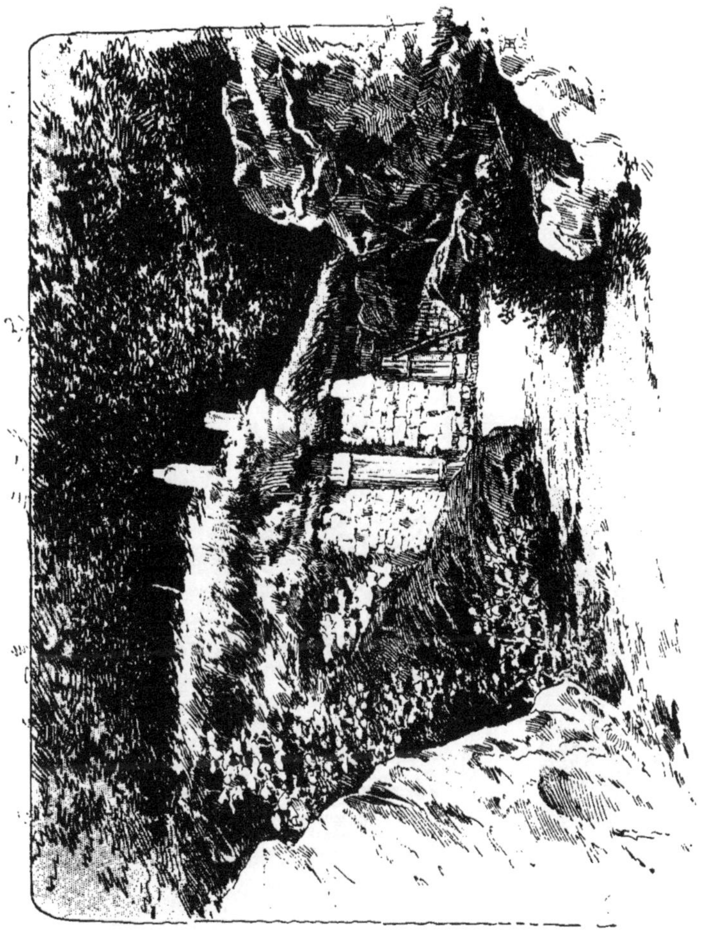

CHAPITRE XII

LA SANGUINE

Disons tout d'abord ce qu'est la sanguine, car si tous

nos lecteurs ou à peu près connaissent le crayon noir
et la mine de plomb, ne fût-ce que pour en avoir vu,

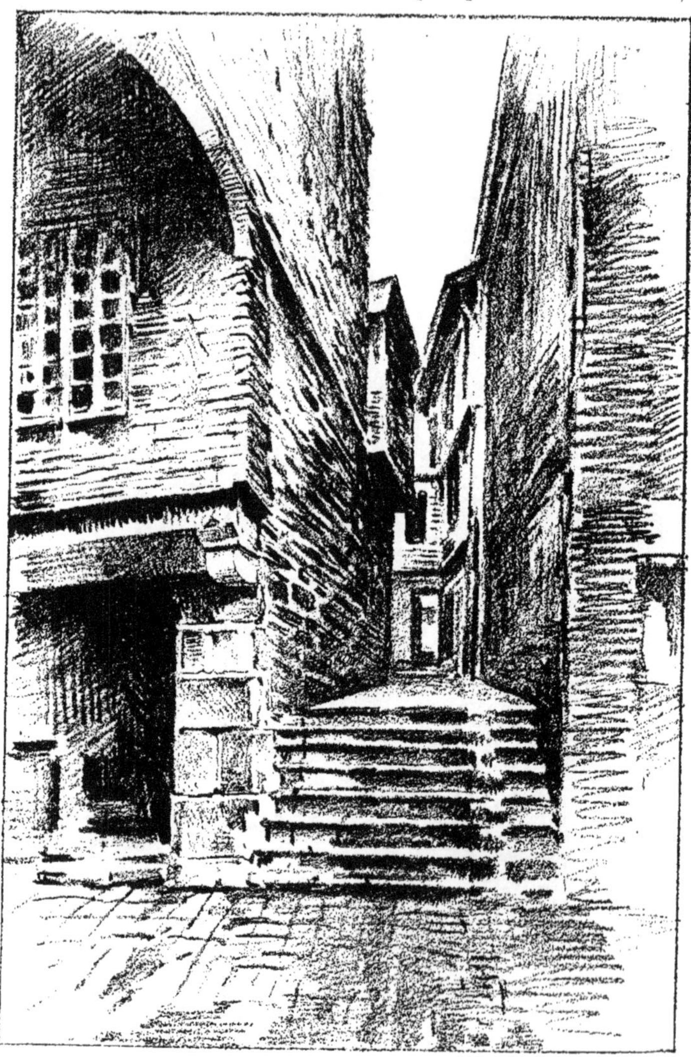

beaucoup d'entre eux ne connaissent certainement pas
la sanguine, même de visu.

Scientifiquement on vous dira de la sanguine que
c'est une hématite, un oxyde de fer.

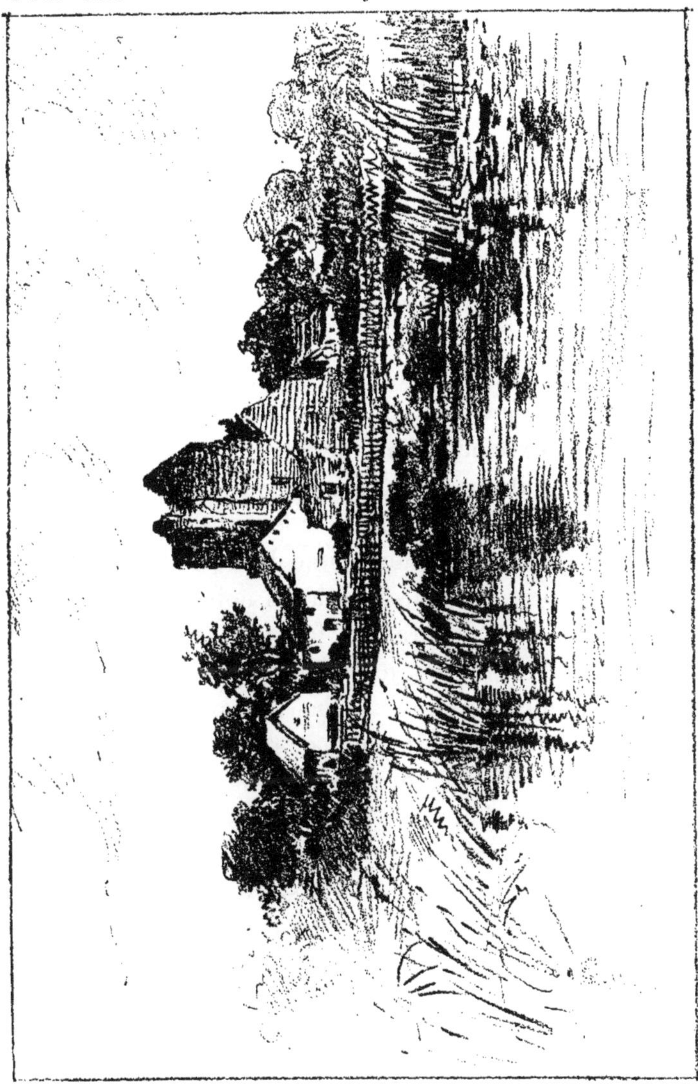

Quand vous en posséderez un morceau vous verrez
que c'est un minerai au grain très serré, très ferme,

très uni et très malléable, se réduisant facilement en
poudre et se rayant aisément même avec l'ongle. Ceci
vous dit assez que tailler de la sanguine est chose facile....
facile jusqu'à un certain point pourtant, car le minerai
est très cassant et comme (le véritable) se vend en morceaux de formes quelconques l'emploi demande une certaine habitude et une grande sûreté de main. Ne vous
laissez pas rebuter par cette petite difficulté, toutefois,
car il serait grand dommage de ne pas vous essayer à un
procédé charmant entre tous et dont le ton chaud et
vibrant peut donner naissance à des œuvres vraiment
très séduisantes.

Et d'abord méfiez-vous des crayons plus ou moins
bien faits qu'on vous vend sous le nom de crayons de
sanguine, ceux-ci n'en ont que le nom. Ce n'est pas que
la sanguine soit une matière bien coûteuse, mais la difficulté de la tailler en lamelles assez minces pour les
intercaler dans du bois ou même de les tailler en morceaux réguliers comme le crayon noir sont la cause
d'une invention de crayons faits de sanguine et qui
pourtant n'en sont pas, je m'explique : La plupart des
crayons vendus comme crayons de sanguine ont leur
mine faite d'une pâte composée de morceaux du minerai
d'abord réduits en poudre impalpable amalgamée avec
de la gomme arabique ; le tout est ensuite délayé dans
de l'eau de savon ce qui forme une pâte et c'est cette
pâte qui, une fois sèche, est glissée dans une carapace
de bois et forme le crayon dont nous parlions tout à
l'heure. Or, cette manipulation de la sanguine et son
mélange avec des éléments étrangers lui retire précisé-
ment toutes ses qualités. Cette pâte est terne, cassante,
le travail est plus difficile et le résultat moins satis-
faisant. Mieux vaut donc éprouver un peu plus

de difficultés dans le maniement mais être sûr du résultat.

On m'a affirmé que la maison Conté aurait trouvé il y a quelque temps, le moyen de fabriquer des crayons avec de la vraie sanguine; je n'ai pas essayé de ces crayons qui, s'ils sont ce qu'on en dit, rempliraient

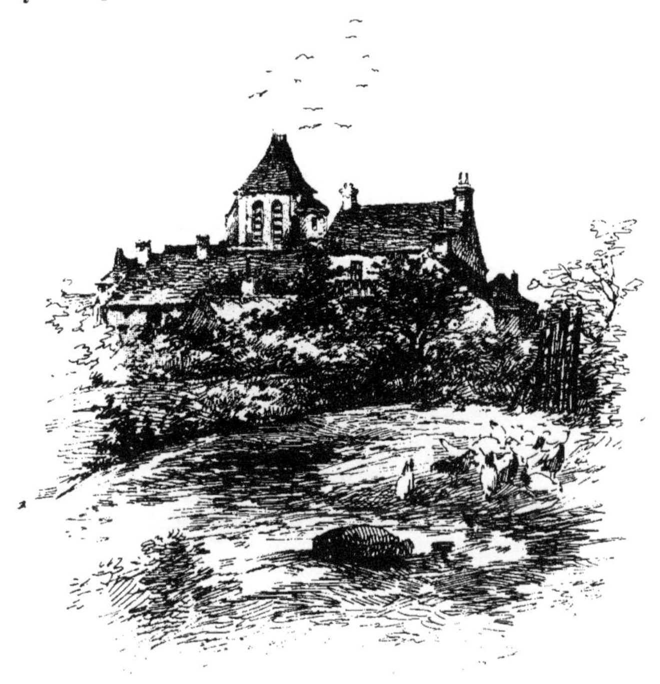

absolument le but. Rien ne coûte d'en essayer, sinon le prix d'une feuille de papier et d'un crayon..., cela n'est pas ruineux.

Quoi qu'il en soit, je vais vous dire comment jusqu'ici j'ai procédé, quant à la sanguine, vous pourrez vous y prendre de même et si vous trouvez cela par trop incommode vous vous rejetterez sur les crayons tout faits après en avoir, toutefois, éprouvé la qualité.

Je me procure donc de la sanguine en morceaux, à
l'aide d'un outil tranchant je réduis ces morceaux en
fragments assez petits pour être enclavés dans un porte-
crayon, puis je taille lesdits fragments absolument

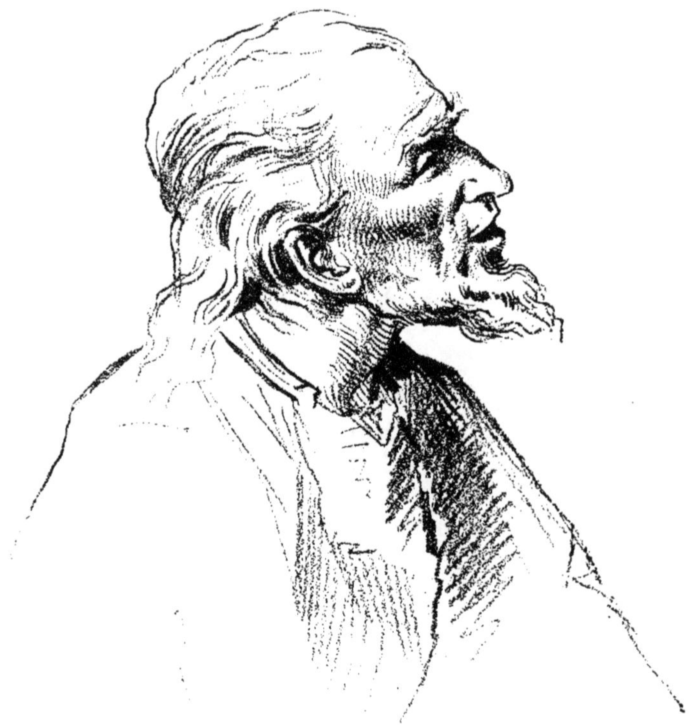

comme je le ferais d'une mine de crayon et je me mets
à l'œuvre; je gaspille bien ainsi quelques bribes de ma
sanguine, mais vraiment le coût en est si minime qu'il
est à la portée des bourses les plus resserrées; j'ai au
moins ainsi la certitude de me servir d'une matière
absolument pure et naturelle et puis, les fragments trop
petits pour être taillés je les réduis en poudre et je m'en
sers pour l'estompe.

Vous voilà fixé quant à la matière dont vous allez

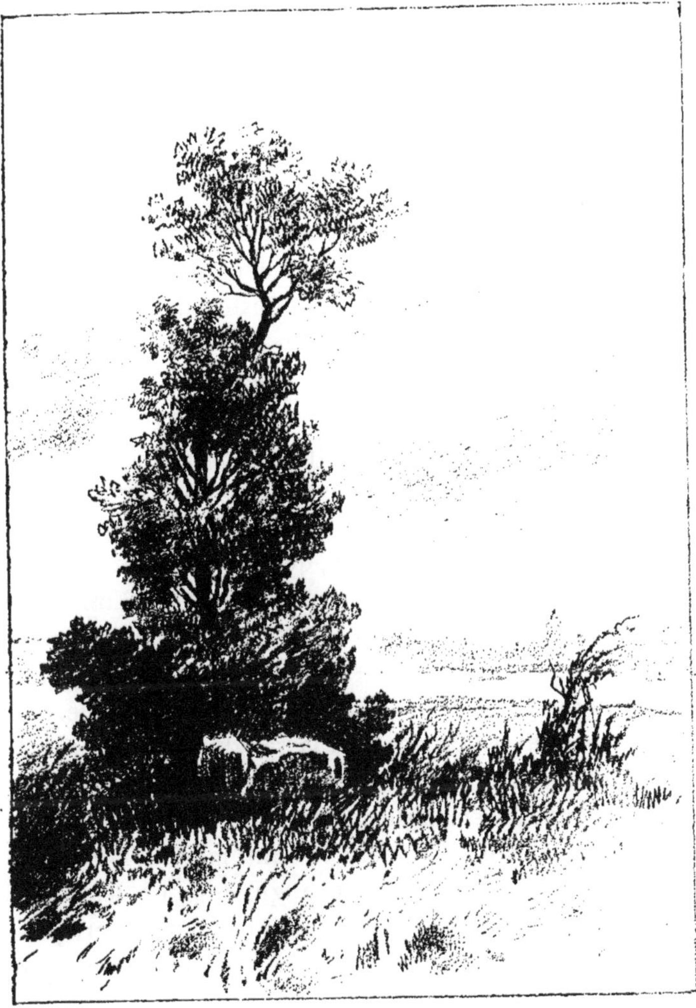

vous servir, nous allons à présent vous dire quelques
mots sur la manière de vous en servir.

CHAPITRE XIII

LE DESSIN A LA SANGUINE

Les outils sont les mêmes que ceux employés pour le crayon noir ou la mine de plomb : estompes, coton, etc. Quand je dis « les mêmes » entendons-nous, c'est « pareils » que je devrais dire, car les estompes ayant servi à des dessins en noir ne sont guère employables pour le dessin à la sanguine ; le noir a pénétré dans la peau ou le papier de l'estompe et, quelque bien que vous essayez de la nettoyer il y restera toujours assez de la matière précédemment employée pour ternir la fraîcheur de votre sanguine. Il faut donc avoir des estompes spéciales pour celle-ci, de même, du reste, qu'il est bon de mettre à part celles qui doivent servir à la mine de plomb. Les estompes et les tortillons coûtent vraiment un prix si minime que, sans faire grand tort à son escarcelle, on peut s'en offrir une collection respectable.

Pour ce qui est du dessin à la sanguine, proprement dit. l'exécution est identique à celle du dessin au crayon noir, la couleur et la matière seules diffèrent ; donc, rien de spécial à vous signaler ; il vaut mieux, toutefois, moins pousser un dessin à la sanguine qu'un dessin au crayon noir, et sans rester absolument dans le croquis il faut qu'il participe de celui-ci presque autant que du dessin fait.

Le dessin à la sanguine permet une exécution autre : on peut y adjoindre du lavis, lavis autrement compris que celui dont nous avons parlé quelques feuillets plus haut. Voici comment on s'y prendra : Après avoir indiqué

au trait l'ensemble de son dessin, on passera un pinceau
propre, trempé d'eau, sur les traits, la poussière de la
sanguine se détrempant dans l'eau donnera une teinte
suffisante pour masser les demi-tons, quant aux parties
foncées on les obtiendra par l'adjonction dans le pinceau d'un peu de sanguine prise à part. Le lavis ainsi fait

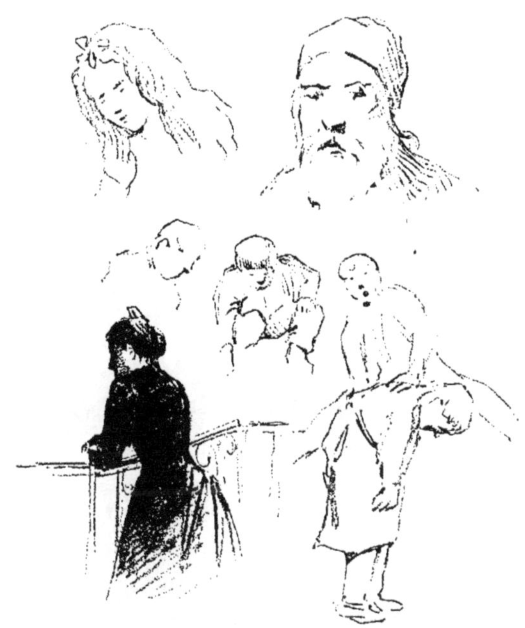

donne des effets très doux, très harmonieux, qu'on re-
prend ensuite par traits, accents, etc.

On peut pousser très loin un dessin sanguine au
lavis ; si l'on veut donner à celui-ci une importance
assez grande, il est bon de tendre d'abord son papier
comme on le fait pour l'aquarelle. Ce papier une fois
sec, on fera son esquisse très légèrement, puis on lavera
avec un pinceau doux détrempé dans de l'eau très claire ;
le papier se teintera légèrement sur toute la surface

ainsi humectée d'un ton rosé charmant et qui adoucira

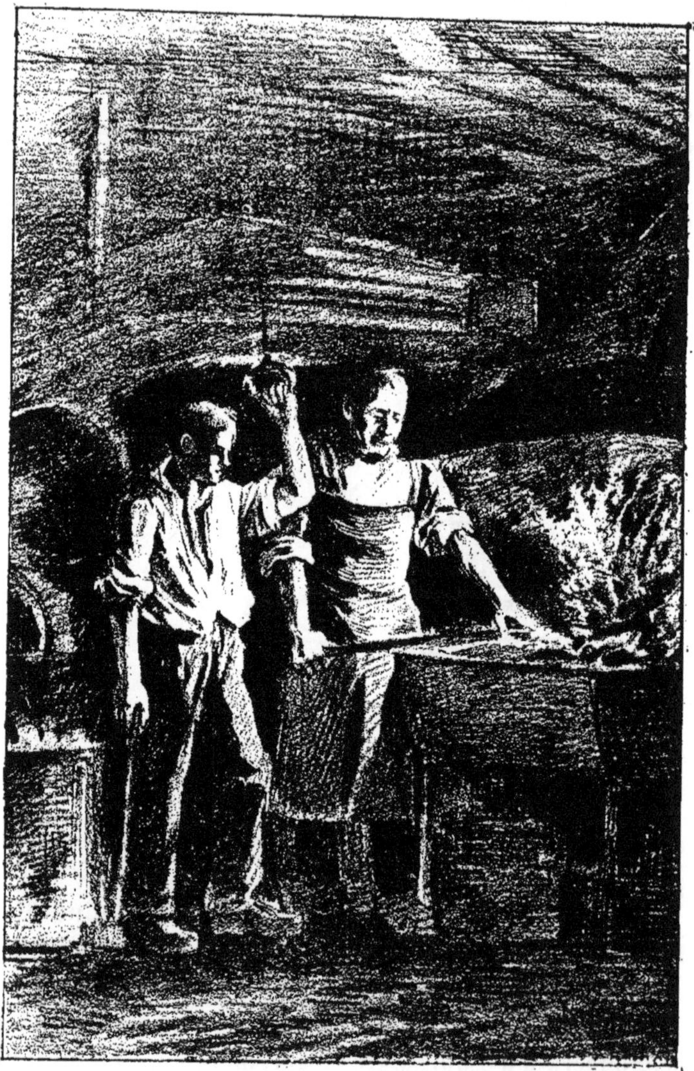

et enveloppera l'esquisse. Ce nouveau lavage étant

bien sec on continuera son dessin, et on recommencera
la même opération sans passer le pinceau humide partout, mais seulement sur les parties où l'on veut des
valeurs plus élevées ; cette façon de faire rappelle un

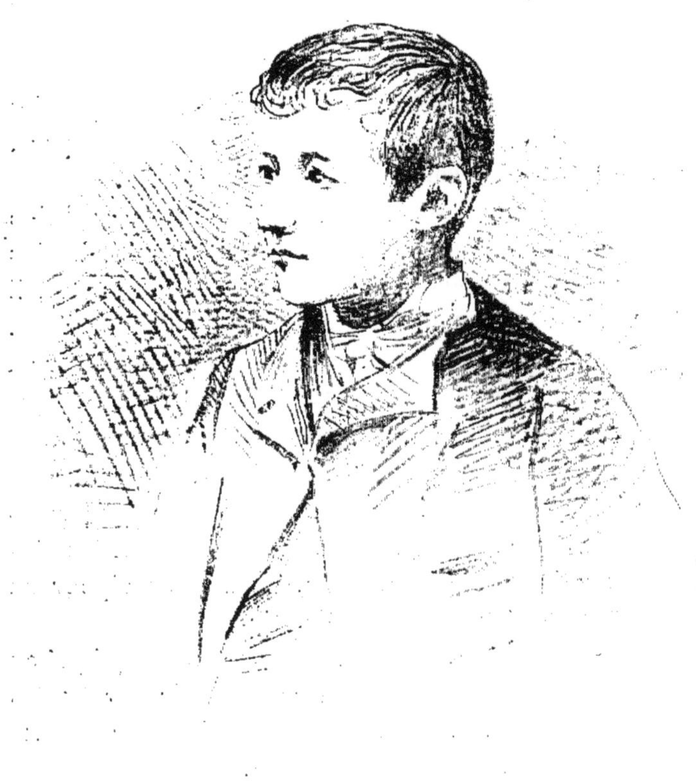

peu celle dont je parlais pour le crayon noir, il faudra
ici passer le pinceau rapidement sans le laisser séjour-
ner aux mêmes endroits, en un mot, il faut de la légèreté de touche et quelque peu de dextérité, car la sanguine se désagrège sous l'eau plus rapidement encore
que le crayon noir. Il faut du soin aussi car on devra

dans les parties fondues, marier les valeurs entre elles de façon à les graduer moelleusement. Les parties lavées prennent un ton d'un rouge plus brun que les parties au trait lesquelles transparaissant au travers donnent à l'ensemble un aspect très harmonieux. Vous pourrez procéder à l'opération du lavage autant de fois que vous voudrez et jusqu'à obtention de l'effet cherché que vous accuserez en dernier lieu par des touches bien senties, bien nettes de sanguine pure, cela est nécessaire car le lavis pur serait fade.

Du reste, nous l'avons dit, le dessin à la sanguine seule est toujours un peu mou et, en dehors des dessins mi-croquis auxquels nous faisions allusion tantôt, il vaut mieux y adjoindre, soit du fusain, soit du crayon.

Si vous voulez employer le fusain commencez par en masser quelques teintes légères dans les dessous, dans les parties non brillantes, par-dessus lesquelles vous travaillerez à la sanguine, celle-ci se mélangeant avec le noir du fusain, produira un très joli ton, les parties claires resteront indemnes de fusain et seront traitées à la sanguine seulement, enfin, les accents vigoureux seront repiqués de crayon noir.

Dans le procédé au lavis que nous avons expliqué on peut également adjoindre du crayon noir par teintes légères au-dessus du travail à la sanguine, par touches plus fortes dans les parties foncées.

Si le dessin est fait sur papier teinté (le papier rosé, par exemple, qui s'harmonise très bien avec le ton sanguine) on ajoutera des blancs soit au crayon blanc, soit à la gouache ; ici nous rentrons absolument dans la façon de faire indiquée pour la mine de plomb ou le crayon noir. Vous pouvez en outre ici, dans les lointains, adoucir le ton de la sanguine en passant dessus du crayon blanc qui, en se mélangeant, sera un atténuatif.

Tout ce que nous avons dit quant aux dessins au crayon noir rehaussé d'aquarelle peut s'appliquer aux dessins à la sanguine, la façon de faire est identique.

Pour certains dessins on peut aussi employer quatre crayons : le crayon noir, la sanguine, le crayon bleu et le crayon jaune (pastels), on a ainsi à peu près un jeu complet de gammes ; le crayon noir seul donne les gris, mélangé à la sanguine il produit les tons marron, bistrés, etc., en y adjoignant le jaune ce ton devient plus doré. Le bleu et le jaune vous donneront les verts, le bleu et le rouge les violets, le rouge et le jaune les orangés. Dans ce genre d'exécution il faut que le crayon noir appuie le dessin, c'est lui qui doit donner les vigueurs et les contours accentués. Dire qu'à l'aide des quatre crayons on rendra absolument l'effet de la nature serait exagéré, mais on s'en approche beaucoup ; du reste, pour rendre les coloris complets, toutes les gammes de tons, toute la série des gris, celle des bleus, des rouges et des jaunes, il n'est que les procédés polychromes proprement dits : l'aquarelle, la peinture à l'huile, le pastel ; on ne peut, c'est évident, à l'aide de quelques crayons, rendre complètement la nature, mais par des valeurs qui ici remplaceront les tons colorés et par des lignes justes vous donnerez au moins en partie l'illusion des choses vues.

Au reste, quel que soit le genre de procédé employé, ce n'est que par conventions qu'on arrive à produire plus ou moins bien cette illusion ; cela dépend du plus ou moins de perfection du procédé lui-même et surtout du plus ou moins de talent de celui qui en use.

TABLE DES MATIÈRES

2546-16 — Corbeil. Imprimerie Ed. CRÉTÉ.

res